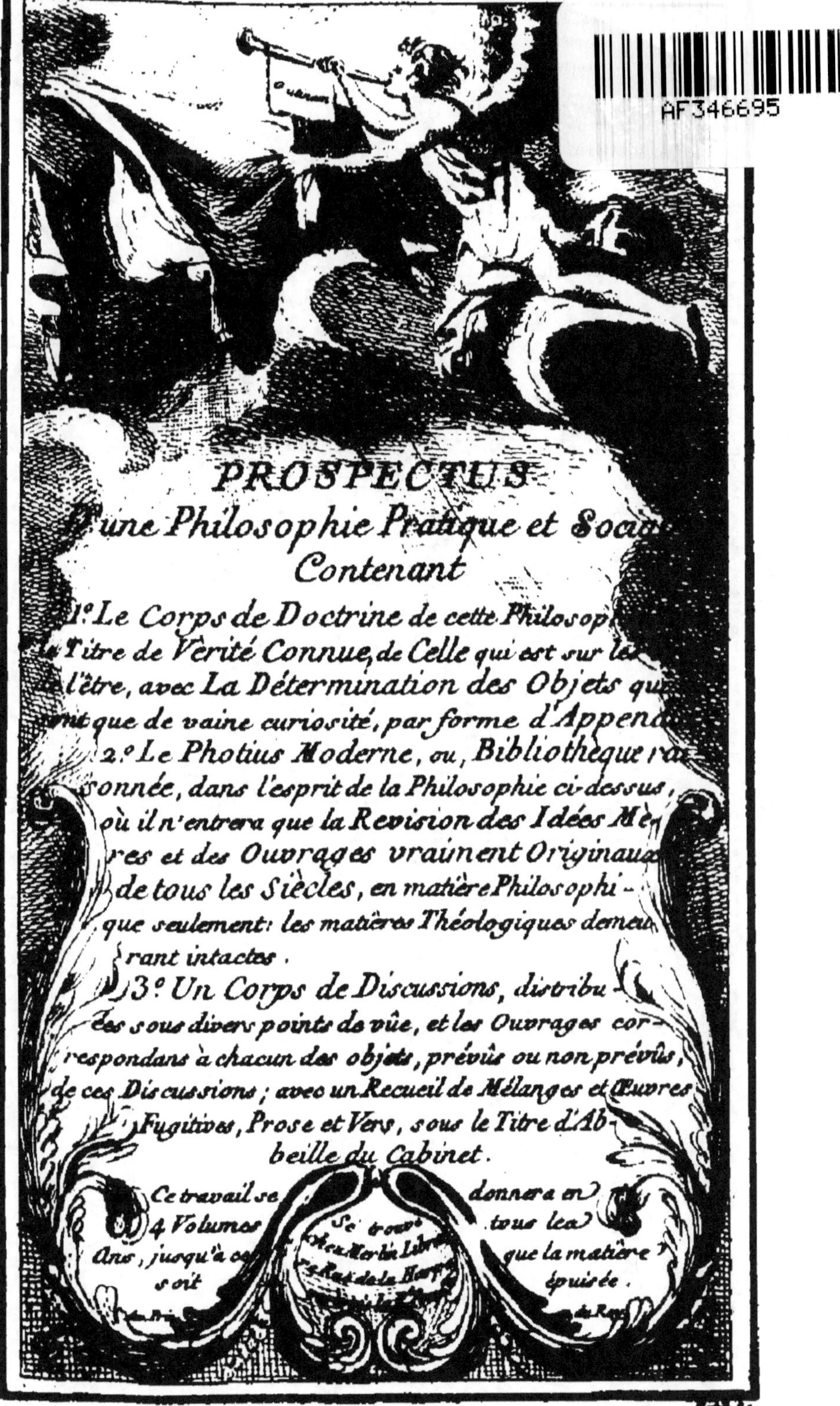
PROSPECTUS
D'une Philosophie Pratique et Sociale
Contenant
1.º Le Corps de Doctrine de cette Philosop
Titre de Vérité Connue, de Celle qui est sur le
l'être, avec La Détermination des Objets qu
que de vaine curiosité, par forme d'Appen
2.º Le Photius Moderne, ou, Bibliotheque ra
sonnée, dans l'esprit de la Philosophie ci-dessus,
où il n'entrera que la Revision des Idées Mè
res et des Ouvrages vraiment Originaux
de tous les Siècles, en matière Philosophi -
que seulement: les matières Théologiques demeu
rant intactes .
3.º Un Corps de Discussions, distribu -
ées sous divers points de vûe, et les Ouvrages cor-
respondans à chacun des objets, prévûs ou non prévûs,
de ces Discussions ; avec un Recueil de Mélanges et Œuvres
Fugitives, Prose et Vers, sous le Titre d'Ab-
beille du Cabinet.
Ce travail se   donnera en
4 Volumes   tous les
Ans , jusqu'à ce   Se trouve   que la matière
soit   Chez Merlin Libr   épuisée .

Dans le Premier, } J'examine. . . 1°. COMMENT la vraie Philosophie ne peut qu'être Pratique & sociale. . . Ce Paragraphe est si court, qu'il est inutile de l'analyser ici . . . [Il est compris dans les deux seuls alinéas de la troisième Page; & dans les deux premiers de la quatrième].

2°. Quel est l'objet de la vraie Philosophie . . . Je trouve que c'est, en général, La découverte de la Vérité. Mais cette Vérité a son essence; elle a son principe; elle a sa fin : & il y a des voies pour la faire parvenir jusqu'à l'Homme; & pour s'assurer que c'est d'elle, & non de quelque chose qui n'ait que les livrées, dont une Doctrine met l'Homme en possession. Voilà donc les quatre points que ce Paragraphe développe. . . . [Il commence au troisième alinéa de la quatrième Page, & finit avec la cinquième Page. . . . Errata.] On lit à la Page 4, lig. 7 & 8 : de ce qui est confiné à étant; il faut lire ce qui est confiné en étant.

Dans le II, } Je décris. . . L'idée sommaire de ce qu'est la Nature, à la différence de ce que constate Doctrine Philosophique, s'efforce de nous donner pour tel. . . On y voit que, jusqu'ici, la Nature a eu deux faces; l'une conformément aux premières lumières divines [non encore interceptées] sur le Ciel; l'autre, qui n'est absolument que trop constatée, l'altération que n'a pu valoir que sortes dont l'économie du Ciel, la Prévarication interceptrice des premières lumières divines. La Prévarication a donc été [...] L'altération matérialisée, soit comme instrument de miséricorde, soit comme instrument de justice, est la base des secondes lumières divines: l'économie réparatrice en est le développement : la division [...] & consommation. On voit encore, dans ce Paragraphe, ce qu'est le Mal, d'où il vient, où il réside essentiellement, quels sont & quels ne pouvaient qu'être en vue d'eux-mêmes les funestes effets, quel furent les secondes lumières divines [...]. Par ces Tableaux fidèles de la Nature & du Mal, toute inspection des fausses idées, qu'on s'efforçait d'en donner d'ailleurs, est évincée. . . [Ce Paragraphe commence avec la Page 14 & finit à la Page 33. Errata.] Page 17, ligne 14, la plan : lisez le Mal.

Dans le III, } Je donne. . . Ma Méthode. . . Elle est courte, parce que je n'ai qu'à l'exposer sur les deux Méthodes d'usage [l'Analyse & la Synthèse], que je suis convenu de mettre à la place qui convient à chacune d'elles, & de renfermer dans leurs bornes respectives. . . [Ce Paragraphe commence à la Page 33, & finit à la suivante].

Dans le IV, } Je justifie sa création. . . Qui exige que je donne une Philosophie toute nouvelle. . . . Le titre vérité de ce Paragraphe ou offre en quelque façon l'Analyse, ou discute que ma marche philosophique est la marche naturelle de l'Esprit humain; que tout autre marche est fausse & fait violence à la Nature. Le terme du Paragraphe le justifie en distinguant entre Vérité & Erreur qu'il est du ressort de l'Homme, & celles qu'il n'est pas du ressort de l'Homme d'embrasser. Il distingue ce qui est de Règle de Vérité. Il rend sensible l'insuffisance des Règles que les autres Doctrines philosophiques offrent à l'Homme; & combien celle que j'ai à présenter, leur est préférable. . . . [Ce Paragraphe commence à la Page 34, & finit à la Page 40.] Errata. Page 38, à la fin de la ligne 8, ou lu alors que. Il faut lire alors que. Ibid. lig. 18 : les leviers : effacez le. ——Ibid. lig. 27 : d'ailleurs : effacez d'ailleurs.

Dans le V, } Je donne. . . Mes Principes. . . . Ils sont au nombre de 15. Chacun d'eux est raisonné ou motivé. Il faut les voir. Tous ensemble font la base de mon Corps de Doctrine, de l'esprit dans lequel j'en ai discuté toutes les Parties, avant que de les lui adapter; & de celui qui me dirigera dans la Révision de toutes les Doctrines autres que la mienne, en matière philosophique seulement. . . . [Ce Paragraphe commence à la Page 40, & suit à la Page 43].

Dans le VI, } J'applique. . . Ce que sont mes Principes à mon Corps de Doctrine. . . On vient de le voir plus haut.

Dans le VII, } J'applique. . . Ce que sont mes Principes à ma Revue des Doctrines étrangères. . . . Item : ibid.

Dans le VIII, } Je dis. . . Ce qui exige que je soisisse ma Revue. . . J'y prouve que les toutes les Doctrines étrangères qui ont conservé quelque vérité crédite jusqu'à nos jours, il n'en est aucune qui ne renferme quelque vérité comme des Erreurs, & renfermant par leurs telle Amalgamation. J'en conclus qu'il manque à toutes les Doctrines Philosophiques une règle de Vérité, qui faisant démêler toute vérité cachée dans le faux d'une Erreur comme regnante, la réduise à son seule naturel & la replonge dans le Néant, qui est sa véritable sphère. J'y vois enfin que c'est cette Règle précieuse que je veux mettre à la main de tout le monde; qu'elle fait la base & le nerf de mon Corps de Doctrine; qu'elle montrera toutes les Doctrines philosophiques au point d'être d'un usage aussi sûr que la mienne; c'est ce qu'opèrera mes Retouches; qu'elle fera toutes les connaissances que l'Esprit humain remportera à nos chaînes, à laquelle il ne manquera plus de chaînon, & assignera à la sphère de ces intimes connaissances des bornes sûres & immobiles, qui ne permettront plus à l'Esprit humain d'extravaguer, sans inutilité un seul réminéré, & c'est ce qu'opèreront mes Discussions. . . . [Ce Paragraphe commence à la Page 44, & finit à la page 49].

Dans le IX, } Je donne. . . La Conclusion de mon Prospectus. . . . [Ce Paragraphe commence à la Page 49, & finit à la Page 51].

II°. Une Esquisse. . . {
Sommaire. . . Depuis la Page 51 jusqu'à la Page 56.
Un peu plus détaillée. . . Depuis la Page 56, jusqu'à la Page 64. De ses Chaînes encyclopédiques.
Où mouvemens. Depuis la Page 64, autres : jusqu'à la Page 73.
}

{N.B.} III°. Une idée sommaire de l'Ordre & de la Nature des Discussions qu'exigent l'établissement de mon Corps de Doctrine; soit sept Faisceaux de vues; savoir :

1°. De Philosophie proprement humaine . . . . . . VII. Discussions . . . . De la Page 73, à la fin de la Page 75. Errata. Page 73, fig. : effacez ruage; lisez, avec le sens à ses entrailles.
2°. De Philosophie plus qu'humaine . . . . VIII. Discussions. . . . De la Page 75, à la Page 80.
3°. De Politique . . . . VI. Discussions . . . . De la Page 80, à la Page 83.
4°. D'Histoire Naturelle . . . . Quelque Discussion. . . Page 84.
5°. D'Histoire Nationale . . . . VI. Discussions. . . . De la Page 84, à la Page 85.
6°. Polémique, ou de Controverse . . . . XII. Discussions. . . . De la Page 85, à la Page 86.
7°. Polémique, ou littéraire . . . . Mes Pièces fugitives, &c. De la Page 86, à la Page 87.

N.B. Les Discussions annoncées ci-dessus, ne sont que celles qui ont été publiées jusqu'ici. Il y en aura probablement beaucoup d'autres qui n'ont point encore connu les presses.

III°. Le développement de l'Esprit Philosophique & Social, qui m'a mis en plume à ce seule. . . . . . On y voit à quel point cet Esprit est Orthodoxe en École philosophique, comme il le serait en École théologique. . . . [Cet Article commence à la Page 87, & termine le Prospectus].

IV°. Les conditions opposées pour la Souscription, en Papier & Caractères conformes à ce que seront ceux de l'Ouvrage.

PROSPECTUS.*

HUMANITÉ,
Vous faites mes délices.
SOCIÉTÉ,
Vous aurez mes prémices.

I.

*Comment la vraie Philosophie ne peut
qu'être pratique & sociale.*

LA saine Philosophie ne peut qu'être pratique & sociale.

La vraie Philosophie est la recherche de la
vérité & du souverain bien ; de la vérité, pour
trouver le souverain bien ; du souverain bien,
parce que le plus grand des besoins de l'Etre
raisonnable est de l'obtenir.

* Voyez la Planche sommaire.

A ij

Si la Philosophie n'étoit *pratique* , à quoi nous serviroit la découverte de la vérité ?

Si la Philosophie n'étoit *sociale* , comment réaliserions-nous cette découverte ? Comment nous assurerions-nous de la vérité ? Prouvons.

La vérité : c'est Dieu ; ce sont ses intentions ; c'est ce qui émane, sans interception, de ces intentions.

Dieu ! Il est la bonté par essence. Ses intentions premières n'ont pû se proposer que notre bonheur.

Ce qui, par la prévarication, a été intercepté de ses intentions premières, n'a pû qu'occasionner chez lui des intentions secondes , dirigées finalement vers notre bien. Mais de ces intentions secondes, les unes ont pour objet notre tems d'épreuve, qui embrasse tout le cours de cette vie mortelle, à l'égard de chacun de nous ; les autres le tems fatal, celui de notre mort, où il sera décidé de notre état fixe & permanent, en un mot, de notre sort pour jamais, en langage terrible de la Religion.

En ce qui regarde notre tems d'épreuve, les intentions secondes de la Divinité ne peuvent tendre qu'à nous porter à remédier à l'interception de ses intentions premières, & à nous offrir des secours divins à cet égard. Les secondes intentions divines, en ce point, ne sont que paternelles & de miséricorde.

En ce qui regarde le fort éternel de l'homme, les fecondes intentions divines font celles d'un Juge, rémunérateur ou vengeur ; mais d'un Juge, qui eft un Dieu, à qui nous devons croire, & dont nous devons adorer les auguftes fecrets.

De qui apprendrons-nous mieux que de la Divinité elle même, & ce qui peut avoir intercepté fes premières intentions, & ce qui peut nous remettre fur les voies de fa miféricorde ? Qui connoîtra les intentions d'un Dieu impénétrable de fa nature (qui eft infinie) à l'égard de fa créature finie par effence : qui connoîtra les tréfors de fa bonté & de fa juftice, comme ce Dieu même ? Il faut donc qu'il s'en explique à l'homme ; & il le fait. De fes intentions premiéres, il s'en explique conftamment par lui-même au cœur de l'homme. C'eft l'oracle intérieur ; c'eft la voix de la confcience ; c'eft ce confolateur intime dans les afflictions ; c'eft cette lumière que chacun de nous porte au-dedans de foi. Quiconque la confulte avec fincérité eft fûr qu'elle lui répond avec jufteffe & précifion, *eft eft*, *non non*, &c.

C'eft la recherche de ces premières intentions qui fait l'objet de la vraie Philofophie & d'une faine Doctrine en cette matière. Quiconque y cherche autre chofe fe livre ou par foibleffe à l'illufion, ou de gaieté de cœur à

l'erreur, s'il eft poffible que l'homme aime &
recherche l'erreur pour l'erreur & le mal pour
le mal, ce que je ne penfe pas.

De fes intentions fecondes, Dieu s'en explique conftamment par la bouche des Dépofi-
taires de la Foi, dont la règle de vérité eft
contenue dans les écritures reconnues pour
infpirées, & dans la tradition, tant orale qu'é-
crite ; traditions qui font les interprètes des
écritures. Tels font les tréfors du dépôt précieux
de la Foi.

C'eft la recherche des fecondes intentions
divines qui fait l'objet de l'étude de la Religion
révélée. Notre curiofité doit fe fixer fur ces
intentions fecondes où la révélation s'arrête.
Quelque chofe que le raifonnement humain
nous porte à penfer au-delà de ce que la révélation & la tradition nous notifient, nous ne
devons y mettre aucune confiance. C'eft l'O-
racle intérieur ; c'eft celui de la vraie Philofophie, qui tout feul nous amène aux portes du
Temple augufte de la vérité révélée, de l'Eglife
Orthodoxe en un mot : c'eft encore l'Oracle
intérieur qui nous avertit férieufement qu'il
n'y a plus d'Oracle fûr, à l'égard des fecondes
intentions divines, hors des bornes de l'en-
ceinte vénérable où la révélation fe fait entendre.

Cet Oracle intérieur & divin eſt donc bien précieux pour nous ! C'eſt de lui que nous tenons la partie de *la vérité naturellement connue,* qui eſt la plus inconteſtable pour chacun de nous ; c'eſt de la réunion des témoignages que le ſens commun eſt forcé de rendre à ſon évidence, ainſi qu'à la vérité démontrée de ce qui eſt conſtaté & émané ſans altération quelconque, que l'autre partie de cette même vérité naturellement connue tire toute ſa force, & l'aſcendant légitime qu'elle a pour nous ſubjuguer ; c'eſt de lui, comme de la ſource unique de toute vérité naturelle, de toute manifeſtation des intentions premières de la divinité ſur l'homme, de toute manifeſtation à l'égard du déſordre que la prévarication a jetté dans l'économie ou l'ordonnance bienfaiſante de ces premières intentions ; c'eſt de cet Oracle, disje, que nous tiendrons également la manifeſtation de ce qu'il y a de vérités particulières & implicites qui reſtent encore, pour ainſi dire, aux priſes avec le raiſonnement humain : vérités que je comprends toutes ſous le titre de *vérité à connoître* ou de *vérité qui eſt ſur les voies d'être connue :* vérités qui ſe manifeſteront dans un ordre proportionnel au développement progreſſif de nos beſoins préſens. C'eſt lui, c'eſt cet Oracle infaillible qui, par la voie du ſens

A iv

commun, nous garantit la sûreté du procédé démonstratif de chaque vérité implicite qui a été recherchée avec succès ; c'est cet Oracle enfin qui nous marque les bornes précises du besoin, tant relatif qu'absolu, que nous avons de connoître la vérité : bornes au-delà desquelles il n'y a plus pour nos recherches qu'objets *de vaine curiosité*, & souvent même de curiosité très-dangereuse.

J'observerai, en passant, que nous avons à nous servir de cet Oracle, toujours intelligible pour quiconque le consulte de bonne foi, c'est-à dire, dans le silence des passions désordonnées : j'observerai, dis-je, que nous avons à nous en servir pour règle commune de vérité, un avantage que ne peuvent nous offrir ni l'E-vidence Cartésienne, ni le *quidquid concepitur...* de Malbranche, ni le *criterium veritatis* des Aristotéliciens, &c. De toutes ces règles in-contestablement, l'Evidence Cartésienne est la moins suspecte. Elle a même cet avantage qu'elle est vraiment le caractère distinctif de la vérité pour chacun de nous ; mais elle n'a qu'un effet respectif à l'*Individu*. Pour transporter avec sûreté son usage dans la controverse entre les contendans, il faut qu'une pleine confiance en la bonne foi d'autrui l'accompagne. Que dire à un Errant, comment faire pour le forcer dans son retranchement, quand il se portera à soutenir persévéramment qu'il a l'évidence du vrai de son assertion erronée ?

L'Oracle intérieur & divin nous offre tout autre avantage pour la défense & pour la certitude de la vérité ; mais il faut en étudier le caractère & s'en faire une juste idée.

En effet, comment le distinguer, premièrement dans notre cœur ; ensuite d'avec ce que les autres entreprendroient de nous donner pour lui, & qui ne le seroit pas ?

Deux voix se font constamment entendre dans le cœur de l'homme, & s'y entrechoquent sans interruption : la voix de l'Eternel & celle de nos passions désordonnées. Mais la voix de l'Eternel est une, la même dans un cœur comme dans l'autre : c'est que l'Eternel est le législateur commun des cœurs ; en cela, le seul légitime. La voix des passions est, au contraire, multiple & aussi diversifiée que le sont les passions entre elles. Leur caractère a quelque chose de spécifique, tout au plus, dans certaines classes d'hommes ; & quelque chose de très-particulièrement distinct dans chaque homme en particulier. De cette multiplicité essentielle de la voix des passions naît la diversité & la contrariété des opinions purement humaines.

Mais toute passion livrée à elle-même a encore pour caractère essentiel l'orgueil & la présomption qui la porte à exiger que toute autre passion lui céde & souffre d'en être dominée. Prétention d'usurpateur, conséquemment illégitime. Toutes les passions naissent indépendantes les unes des autres. Le souverain Législateur, le Père & le Maître commun des cœurs a seul le droit de mettre entre les passions diverses une hiérarchie & un certain ordre graduel de subordination qui soumet plus ou moins généralement les unes aux autres.

Donc il n'y aura nulle de ces passions qui, par elle-même, ne nous réponde dans un esprit très particulier. Or, l'esprit particulier ne peut être, en façon quelconque, un oracle de vérité. Encore un coup, la Vérité est une : elle ne peut inspirer qu'un intérêt finalement commun. L'esprit particulier n'inspire qu'un intérêt privé. Autant d'intérêts que d'esprits : il y auroit donc autant de vérités contradictoires pour le moins qu'il y a d'intérêts inconciliables. Cette proposition implique contradiction dans les termes ; de là le vuide du sens qui y est attaché.

C'est donc cette voix qui tient le même langage dans le cœur de tous les hommes ; cette voix qui, sans exclurre ce que chaque intérêt spécifique ou privé a de légitime, les ramène tous à un intérêt commun, qui est *le substan-*

tiel de l'intention divine ; cette voix que cha-que homme eft fûr d'entendre lui répondre avec précifion , quand il l'interroge dans la convi-ction intime que tout autre oracle eft fubordon-nable à celui là : cette voix que la révolte invé-térée du cœur humain a rendue un peu moins acceffible ; mais qui refte toujours plus ou moins acceffible pour un cœur, fans quoi il ne demeu-reroit aucun moyen pour le ramener, foit à la révélation , foit à l'inftruction naturelle & à l'amendement (ce qui eft même un point de Religion que de l'avouer) : en un mot, cette voix d'efprit général & de fens commun; c'eft elle qu'il faut confulter , à l'exclufion de toute autre, pour en tirer la lumière naturelle ; je veux dire cette lumière pure qui peut s'en tirer , foit par voie d'adhéfion docile aux infpirations de cet Oracle du vrai , foit par voie de difcuffion exacte & fincère qui faffe démêler la vérité des ténèbres qui l'environnent, ou qui la faffe dif-tinguer de l'erreur.

Pour la colliger, cette voix commune, & pour la mieux éprouver en la rapprochant d'elle-même par-tout où elle peut fe faire entendre; les hommes ont à fe rechercher les uns les au-tres. Point d'homme qui en foit exempt, s'il connoît le folide de cette méthode ; puifqu'il n'y a point d'homme qui n'ait un intérêt très-

Prospectus.

réel à la recherche de la vérité, qui feule peut le conduire au fouverain bonheur. Or, la recherche que les hommes ont à faire les uns des autres, pour obtenir cette fin précieufe, n'eft autre chofe qu'un des plus puiffans mobiles de fociabilité. L'efprit de la vraie Philofophie eft donc effentiellement focial. Donc toute Philofophie infociale n'eft qu'un guide infidèle qui s'offre pour nous conduire à la vérité, & qui ne nous mène qu'à l'illufion & à l'erreur.

Delà vient que toute fciffion de fociété eft le plus funefte obftacle que les progrès de la véritable Philofophie puiffent rencontrer. Delà vient que tout fchifme eft en horreur au vrai fage.

Il n'y a que deux fciffions très-légitimement & de tout point indifpenfables : la première, celle du bien d'avec le mal moral ; il eft du devoir des Miniftres du Seigneur de la déclarer, de l'opérer & de la maintenir au for intérieur feulement : la feconde, celle de la vérité d'avec l'erreur, en fait de lumière naturelle ; c'eft aux Sages de la terre, c'eft aux Philofophes fenfés à lui donner & à lui conferver toute fa force.

Quand la fciffion de fociété devient indifpenfable pour le maintien de l'une des deux autres fciffions, ou même de toutes deux, c'eft le plus grand malheur de l'humanité. Le fage Légiflateur

en frémit. Et s'il ne la juge inévitable, lui qui en 
eft le Juge naturel & fouverain, il ufera de toute Prospectus.
fon autorité & de tout fon pouvoir pour la prof-
crire.

Je ne touche point ici à la concorde des deux
Empires & des deux Autorités ici-bas ; la fpi-
rituelle & la temporelle. C'eft une queftion
mixte & qui tient trop à la Doctrine de la Religion. Si j'avois à porter ma Doctrine philofophique dans le fein de l'Ecole théologique,
peut-être l'efprit de fchifme en concevroit-il
plus d'horreur contre lui-même.

Pour me renfermer dans mes bornes, je me
contenterai d'obferver que je fçais très-bien ce
que certaine Doctrine philofophique, d'efprit
particulier, a à me dire de la confiance à prendre en certaine *Nature*, qui n'eft rien moins que
principe de vertu fociale ; mais qu'heureufement cette Philofophie eft infuffifante à nous
définir. Ce qu'eft réellement la Nature, c'eft
ce que j'ai à demontrer à cette Doctrine erran-
te ; peut-être, par comparaifon, *fon phantôme
de nature* ne s'en montrera-t'il que mieux pour
ce qu'il eft.

I I.

Idée sommaire de ce qu'est la Nature, à la différence de ce que certaine Doctrine philosophique s'efforce de nous donner pour tel.

D'APRÈS la voix qui parle si nettement au cœur de l'homme, dans le silence des passions désordonnées, je dirai en moins de mots qu'il est possible : » Sans un Etre *par soi*, qu'y au-
» roit-il qui existât ? Cet Etre, maître de son
» être & de sa manière d'être, peut il man-
» quer de quelqu'espèce de perfections ? Il est
» donc la perfection souveraine : il est donc
» un de sa nature ; mais il existe d'autres êtres
» que lui, finis & bornés dans leur essence &
» dans leurs facultés. Où ont-ils pris leur exis-
» tence & leur manière d'être, si l'Etre *par soi*
» n'a opéré l'une & l'autre ? Où cet Etre auroit-
» il pris lui même de quoi l'opérer ? Dans sa
» puissance infinie ? Qui en doute ? Mais cette
» puissance, toute infinie qu'elle soit, peut-elle
» opérer sur le Néant absolu ? Ce Néant n'est
» qu'un mot. Il ne présente aucune idée. Le
» néant relatif : ce seroit toute autre chose.
» Du vuide au plein, du réel à ce qui ne seroit

» encore que poſſible, cette eſpéce de Néant
» ſe fait ſentir. Avant le Réel, tout ce qu'il ne
» répugne pas à la perfection divine d'opérer
» étoit un Néant relatif : il n'étoit encore que
» poſſible. Mais ce poſſible, en quoi conſiſtoit
» ſon être ? A exprimer idéalement au fini, ce
» qu'eſt l'Eternel réellement, & à l'infini. Tel
» eſt le plan du Créé. Telle eſt la Nature au
» Métaphyſique, première cauſe ſeconde de
» ce qui exiſte *inconſubſtantiellement* à Dieu.
» Cette Métaphyſique réduite à l'acte, par la
» production & par l'ordonnance, au Réel, du
» Créé : telle eſt la Nature au Phyſique, ſe-
» conde cauſe ſeconde de tout ce qui s'opère
» au réel dans l'œuvre du Créateur.

» Mais cette Nature, au moins dans ce qui
» eſt ſublunaire & dont je me reſerve de par-
» ler, comme de ce qui eſt pour ainſi dire
» uniquement à notre portée : cette Nature,
» dis je, juſqu'ici a eu deux faces. C'eſt de la
» Nature au Phyſique dont je parle ici ; car
» pour la Nature au Métaphyſique , comme
» elle eſt l'enſemble des idées de Dieu *ad ex-*
» *tra*, je veux dire, ſur tout ce qu'il eſt poſſible
» qui exiſte *inconſubſtantiellement* à lui ; ſon
» Plan eſt un, & ce Plan embraſſe toutes les
» révolutions par leſquelles il eſt poſſible que
» le Réel paſſe.

PROSPECTUS.

» Je dis donc que la Nature au Phyſique ,
» juſqu'ici, a eu deux faces. La première a été
» celle de l'œuvre pure & ſimple du Créateur.
» L'œuvre de la créature paſſive eſt nulle en
» tout tems ; tout s'opère ſur elle, & elle n'o-
» père rien. Dans ce premier état des choſes
» ſublunaires , où tout marchoit ſans broncher
» ſelon les premières intentions du Créateur,
» à peine le fait de la créature libre & raiſon-
» nable devoit-il être compté pour quelque
» choſe. Cette créature coopéroit alors fidèle-
» ment au fait de ſon Créateur ; donc l'œuvre
» de la créature active ſe fondoit toute entiere
» dans l'œuvre du Créateur. Alors il n'y avoit
» point de mal , au moins de mal connu ; je
» veux dire, de mal relatif à cette économie
» toute divine des choſes ſublunaires, puiſque
» les intentions du Créateur n'étoient contra-
» riées en rien.

» Mais aujourd'hui il y a du mal dans le
» monde. Mal dans le Phyſique : la créature
» ſenſible ſouffre ; intelligente, elle eſt con-
» trariée en mille manières dans l'exercice na-
» turel des facultés de ſon entendement : la
» créature aveugle & impaſſible eſt troublée
» dans le jeu de ſon organiſation méchanique.
» Il eſt ſans doute de la première intention du
» Créateur que tout naiſſe & proſpère ; mais

» étoit-

PROSPECTUS.

» étoit-il de cette même intention que tout
» dépérît & mourût à sa manière ? Les mou-
» vemens bien ordonnés & les influences bé-
» nignes de l'athmosphère sont sans doute de
» la première ordonnance des choses d'ici-bas,
» mais les révolutions désordonnées de ce
» même athmosphère, ses maudites influen-
» ces & les ravages qui s'ensuivent, étoient-
» elles comprises dans les premières intentions
» du Créateur ? Les riches productions de la
» terre, la salubrité & la variété de ses dons,
» ses faces riantes, la belle ordonnance de ses
» couches ou de ses lits divers, la gradation
» intelligente des vertus de chacun & de tous
» ses métaux & minéraux fossiles, &c. sont
» du premier état de la nature sublunaire :
» l'agrément & l'utilité dont ils sont ne per-
» mettent pas d'en douter. Mais les poisons
» que cette même terre voit sortir de son sein ;
» les secousses & les convulsions fracassantes
» que son globe éprouve ; les exhalaisons ma-
» lignes qu'il nous envoie, & dont l'air se
» charge comme pour nous les faire respirer
» avec lui ; les bouleversemens que sa surface
» nous présente, &c. : tout cela peut-il avoir
» été compris dans le plan de ce que le Créa-
» teur avoit à mettre tout seul en œuvre ? Le
» choc des Élémens, dira-t-on, se balance «

B

» ordre & défordre particuliers fe mettent dans
» un équilibre parfait. Il n'en réfulte qu'un
» plus bel ordre général pour le tout. Qui le
» nie? Mais s'il n'en étoit de la forte, tout fe
» détruiroit. L'effet tout naturel du mal s'en
» enfuivroit, je veux dire, *le néant*; mais de
» fait, le mal fubfifte avec le bien. Dieu n'a
» donc pas voulu que le mal triomphât, au
» point d'avoir la plénitude de fon effet. Il ne
» lui en a laiffé que des branches *interfectices* :
» ainfi, pour conferver ce qui tendoit vers fa
» ruine, il a balancé le mal par le bien, jufqu'à
» nouvel ordre feulement. De ce chef d'œuvre
» de fa miféricorde, en ofera t'on conclurre
» que le mal doive naturellement entrer dans
» l'économie de l'ordre ; en un mot, qu'il
» puiffe être regardé comme un bien à fa ma-
» nière?

» Mal dans le Moral : les intérêts s'y entre-
» choquent, parce que deux efprits regnent
» aujourd'hui dans le monde ; celui de l'intérêt
» général, & celui de l'intérêt particulier. Ac-
» coutumé qu'il eft à céder pour le bien, &
» naturellement porté dans cette vue précieufe
» aux plus généreux facrifices, l'Efprit d'intérêt
» focial, foit humain, foit patriotique, dans
» le cas où l'amour patriotique ne contrarie en
» rien les intérêts de l'humanité ; cet Efprit,

» dis-je, en ceux que son amour anime, peut
» être quelque tems la dupe des intérêts par-
» ticuliers. Mais la guerre cruelle que ces der-
» niers intérêts se font entr'eux, dès qu'une
» conquête de surprise sur l'intérêt général ou
» social quelconque, les met à même d'avoir
» quelques dépouilles à partager ; cette guerre,
» dis-je, destructive de toute liaison & de tout
» esprit de sociabilité, démasque les intérêts
» de petites ligues ou intérêts privés, aux yeux
» de l'intérêt général de l'humanité, mobile
» puissant de l'intérêt social & ame universelle
» de toutes ses dégradations hiérarchiques,
» comme intérêt patriotique, intérêt conven-
» tionnel, intérêt domestique, tous scrupu-
» leusement contenus dans les limites que
» l'esprit juste & naturel de subordination leur
» prescrit. De la découverte de ces ennemis
» insidieux naît, pour l'intérêt général, le sen-
» timent du droit de défense : & si l'ennemi
» résiste à ce que ce droit protége d'une part, &
» interdit de l'autre ; delà, la nécessité d'une
» guerre défensive, dont l'intérêt général ne
» peut se dispenser. Droit d'une nature en
» souffrance ! Nécessité malheureuse ! Les
» membres & le corps de la Société n'en peu-
» vent être que *victimés :* le Genre humain y
» voit au moins sa destruction partielle avant

B ij

» le tems. Prétendroit-on que les funestes Ob-
» jets d'une perspective aussi triste fussent du
» plan des premières intentions de Dieu sur
» l'Homme? S'obstinera t'on à regarder l'Esprit
» d'intérêt sordide & insocial comme digne
» associé de l'Esprit général & social, qu'il dé-
» truit ou contrarie, au moins de tout ce qu'il
» peut, dans l'économie générale du bien?
» Que les Élémens brutes de ce bas monde,
» que les Etres purement organisés & même
» les Végétaux fussent dévoués à l'utilité & à
» l'agrément de l'Homme, au besoin des Ani-
» maux; que les Bêtes aquatiques, reptiles &
» volatiles fussent subordonnées à l'Homme;
» qu'elles éprouvassent à sa vue cette impres-
» sion de respect qui contient chaque subor-
» donné dans ses bornes, & qui le rend même
» docile & prévenant à l'égard des Puissances
» qui le président & le commandent : les pre-
» miers Etres sont de nature impassible; leur
» immolation ne porte aucun des caractères
» du dommage réel qui emporte l'idée de
» souffrance & de malheur senti : les seconds
» sont privés, par nature, de cet entendement
» qui conçoit ce que c'est que domination, &
» qui seul peut porter à en former le désir;
» d'ailleurs il n'y a point entre l'Homme & les
» Bêtes ce rapport qui rend la sujétion coûteuse

» & dégradante, comme elle le feroit entre
» Egaux ; de plus l'Animal brute ne peut que
» trouver son avantage dans la sujétion, quand
» il n'éprouvera de la part de l'Homme que
» protection & caresses. Que l Homme puisse
» jouir de ce qui est à sa portée dans les choses
» naturelles, même de lui-même, pour son
» agrément, pour sa conservation, en un mot
» pour son bien ; que toutes ces choses aient
» lieu : elles ne renferment rien qui répugne
» à l'idée qu'il est naturel & judicieux qu'on
» se fasse des premières intentions d'un Créa-
» teur bienfaisant sur sa Créature. Mais que
» l'Homme abuse de lui même & de toute la
» Nature, au détriment de qui il appartient, &
» au sien propre ; que toute la Nature, que
» lui même, que ses sens & ses autres facul-
» tés, que les Brutes, que les Etres inanimés
» lui résistent, le menacent à tout instant de sa
» destruction, souvent même le détruisent ;
» qu'en un mot tous les Etres sublunaires, sans
» en excepter l'Homme même, se révoltent &
» s'arment contre lui au point où il abuse
» d'eux : c'est un mal & un très - grand mal
» assurément, ou il n'y a point de mal. Com-
» ment faire entrer ce vice dans les premières
» intentions du Créateur sur son œuvre? Le *ba-*
» *lancé* des maux par les biens est un argument

» déja répondu. Voilà donc Mal phyſique &
» Mal moral dans le monde. Mais par où le
» Mal y eſt-il entré, s'il n'y eſt pas, comme on
» le rend ſenſible, de la première intention du
» Créateur ſur le créé ? Eſt-ce par le phyſique ?
» Eſt-ce par le moral ? De l'un a-t-il paſſé à
» l'autre ? Un même principe les a-t-il viciés
» tous deux en même tems ? Dans tous deux,
» le mal eſt-il abſolu ou relatif ? Ou bien eſt-
» il relatif dans l'un, abſolu dans l'autre ?

» Voilà toutes queſtions également impor-
» tantes. Il faudroit un volume, pluſieurs
» même peut-être pour les réſoudre ; & ici il
» eſt queſtion d'abréger. Je me contenterai
» donc d'affirmer (ſauf à prouver ailleurs)
» qu'au phyſique, le mal n'eſt que relatif ;
» qu'il a paſſé du moral dans le phyſique ; que
» le moral, n'étant que le fait de la Créature
» libre & l'uſage légitime ou illégitime qu'elle
» fait de ſa liberté, le bien moral ne peut être
» que le bon uſage que cette Créature fait de
» ſon libre arbitre, en le ſoumettant, de fait
» comme d'intention, aux intentions de ſon
» Créateur : œuvre qui ne ſortiroit pas moins
» ſon effet, quand la Créature refuſeroit d'y
» coopérer, ou n'y coopéreroit que dans une
» intention contradictoire à l'intention du
» Créateur. J'en inférerai que le mal dans ſa

» source, je veux dire dans le moral, n'est
» que l'abus que la Créature libre a fait de sa
» liberté, en en usant dans une intention con-
» tradictoire à celle de son Créateur. Le mal
» est donc du fait pur & simple de la Créature
» libre & intelligente ; de son fait, dis-je, isolé
» des intentions du Créateur, qui limitoient
» l'usage que cette Créature avoit à faire de sa
» liberté. Telle est la prévarication. Elle a eu
» lieu sans doute ; puisque le mal ne pouvoit
» naître que d'elle, & que l'existence du mal
» est prouvée par le fait.

» Le mal ne pouvoit naître que de la pré-
» varication. L'idée de principe du mal répu-
» gne avec celle de Créateur, ordonnateur de
» son œuvre & souverainement bon, quand
» rien n'a encore donné lieu à l'exercice de la
» justice souveraine ou de la correction pater-
» nelle. Faire du principe du mal un Etre coïn-
» créé à l'incréé, c'est une absurdité révoltante.
» Qui dit *incréé*, dit Etre par soi, ou Etre qui
» tire sa consistance, ou son droit à l'Etre, de la
» fatalité. Si le mal est Etre par soi, il n'use
» donc de son être ou plutôt de sa puissance
» infinie, que pour s'ôter tout ce dont le bon
» Principe use de sa puissance pour se donner ;
» car il seroit naturel que le mauvais Principe
» travaillât sur soi-même, avant que de travailler

B iv

» fur ce qui lui feroit inconfubftantiel. Cela
» étant, il y a longtems que le mal feroit dé-
» truit. L'homme n'en auroit jamais eû d'idée.
» Suppoferoit-on que l'exercice de fa puiffance
» infinie fur lui même & fur ce qui eft autre
» que lui, fût de fe produire & de fe dé-
» truire, de produire & de détruire tout par
» une alternative éternelle ? Il feroit le bon &
» le mauvais Principe en même-tems. Il feroit
» fuperflu de fuppofer un fecond Principe. En
» fe produifant, il fe donneroit toute perfec-
» tion : en fe détruifant, il fe l'ôteroit. Il en
» agiroit de même fur fa Créature, qui ne
» pourroit être que l'image au fini de ce qu'il
» feroit lui-même à l'infini. Ce ne feroit ni
» la raifon, ni l'amour de fon propre bien, ni
» la raifon ou l'amour du bien de fa Créature
» qui lui infpireroit cette conduite : c'eft une
» fatalité de nature qui l'y contraindroit. Quel
» Dieu ! Quel monftre ! Quelles adorations
» lui feroient dûes ? Quelle complaifance
» pourroit-il prendre en fon Etre ? Il ne pour-
» roit être qu'en horreur à fa Créature, en hor-
» reur à lui-même. Tout au moins feroit - il
» l'objet de fa propre pitié, & de celle des au-
» tres. Tel eft le Dieu que fe forge la chimère,
» pour ne reconnoître aucun Dieu ; ou que le
» vice imagine, pour ne lui rien devoir. Mais

» fermons l'oreille du cœur au vice ; l'œil de
» l'efprit à la chimère : c'eft la réalité que nous
» devons embraffer. Le mal vient de la préva-
» rication : voyons ce que le mal a dû produire.

» Nulle Créature n'avoit droit à l'exiftence.
» La Créature a dû l'avantage d'exifter à la
» bonté ou à la convenance du Créateur, ou
» plutôt à l'une & à l'autre. C'eft du droit an-
» técédent dont je viens de parler. Quant au
» droit fubféquent, c'eft autre chofe.

» Pour me renfermer toujours dans notre
» monde fublunaire, qui eft plus à notre por-
» tée que tout le refte de l'Univers connu,
» convenons d'un fait : il eft évident. L'Hom-
» me y eft le feul Etre doué d'un libre arbitre
» éclairé par l'intelligence : il y eft donc le feul
» Etre raifonnable, le feul qui puiffe s'élever
» jufqu'à fon Créateur ; le feul qui puiffe re-
» cevoir fes intentions fouveraines, s'y con-
» former ou s'en écarter avec connoiffance,
» lui rendre un hommage digne d'un Dieu en
» fe conformant aux volontés de ce fouverain
» Etre, prévariquer en lui refufant cet hom-
» mage, en réfiftant à fa volonté, en la con-
» trariant même. Dans quel fecret de la fageffe
» infinie d'un Dieu eft caché le profond myf-
» tère de la raifon qui peut porter ce Dieu à don-
» ner à fa Créature un pouvoir auffi étendu, auffi

» critique pour elle, auſſi incompatible ce ſem-
» ble avec la bonté & avec la préſcience d'un
» Dieu ? La Philoſophie plus qu'humaine
» pourroit mettre en avant, ſur cette grande
» queſtion, des ſoupçons plauſibles & aſſez
» concilians ; mais c'eſt à la Doctrine de la
» Religion à fixer nos doutes ſur ce point & à
» confirmer nos lumières.

» Quoiqu'il en ſoit, l'homme, par ce qui
» vient d'être dit, eſt démontré comptable de
» ſes actions ; & il l'eſt tout ſeul dans ce bas
» monde. Il en eſt donc le Prêtre & le Roi ;
» &, comme tel, ſolidaire envers Dieu pour
» toute la Nature ſublunaire : raiſon pour la-
» quelle le ſort de cette même Nature ne pou-
» voit que dépendre de celui de ſon Prêtre &
» de ſon Roi ; or, le ſort de l'homme dépen-
» doit de ſa conduite, de l'uſage qu'il feroit
» de ſon intelligence & de ſa liberté, en un
» mot *de ſa raiſon.*

» Tant que l'homme a été fidèle à la loi qui
» lui étoit preſcrite, aux intentions qui limi-
» toient ſon pouvoir ; tant qu'il a coopéré di-
» gnement à l'œuvre de ſon Créateur, il ac-
» quéroit pour tous les inſtants un droit à
» l'exiſtence, ſubſéquent à ſa fidélité. Pour un
» Etre ſouverainement bon, ſouverainement
» juſte, nulle raiſon de détruire où il n'y avoit

» rien qui détruisît le bien : pleine complaisance,
» au contraire, en la raison de conserver ; & c'é-
» toit cette complaisance même qui conservoit.
» Par la prévarication, destructrice par elle-
» même de tout bien, l'Homme, & toute la
» Nature sublunaire, dont le sort dépendoit du
» sort de l'Homme, perdoient tout droit à
» l'existence. Au premier instant de la préva-
» rication tout faisoit un mouvement vers sa
» ruine : au second, Dieu l'arrêta & fixa
» l'Homme & la Nature dans l'état où la pré-
» varication les avoit mis jusque là. Qu'on ne
» se peine point à imaginer un tems déterminé
» entre ces deux instans : l'Esprit humain,
» dans son état actuel pour le moins, ne peut
» qu'être du tout incapable de le saisir. Mais
» déja, chez l'Homme, d'assujettis qu'ils de-
» voient être à la raison, les sens avoient pris
» le dessus sur elle ; & ainsi de tout autre ren-
» versement qui ne pouvoit que s'ensuivre.
» Qu'on souffre que je n'envisage ici les cho-
» ses que dans le grand : je cours, & les dé-
» tails m'arrêteroient. Déja les élémens de la
» Nature avoient perdu leur parfait équilibre.
» Tout tendoit à sa ruine, & tout demeura
» tendant au dépérissement ; mais les substan-
» ces simples élémentaires demeurèrent inal-
» térables : *l'altérabilité* ne prit que sur les

PROSPECTUS

» compofés, encore jufqu'à un certain point.
» ·Delà vient que les Elémens phyfiques, les
» Elémens chymiques, les fept ou trois Rayons
» primitifs de lumière, &c. ne fouffrent aucune
» altération, par quelqu'épreuve que l'induftrie
» humaine ou que les révolutions naturelles
» les faffent paffer. Ainfi les loix de la Nature fe
» prêtèrent à un nouveau fyftême. Ainfi les
» premières intentions du Créateur fur notre
» monde fublunaire firent place à des inten-
» tions toutes nouvelles, mais qui avoient été
» prévuesdans le plan général du Créé.

» J'ai dit que le mal a pris fa fource dans le
» Moral,& qu'il y eft abfolu ; on en a la preuve
» encore fubfiftante : la prévarication y eft
» toujours, autant qu'il eft en elle, la deftruc-
» tion de tout bien. J'ai dit que le mal a paffé
» du Moral dans le Phyfique ; & qu'ici le mal
» n'eft que relatif. Soit Nature de première
» intention, foit Nature de feconde intention
» divine ; c'eft toujours la Nature, &, en elle,
» elle ne peut être un mal, puifqu'ici comme
» là, elle eft également l'œuvre du Créateur.
» Mais dans le premier fyftême, c'eft la Nature
» dirigée paifiblement vers fa fin naturelle &
» légitime : le bien moral s'y trouve comme le
» bien phyfique ; parce que la créature raifon-
» nable y coopère *fpontanément*, je veux dire,

» de bon cœur, à cette fin légitime. Il n'y a là que
» des Innocens & des Justes, conséquemment
» que des Heureux. Dans le second système, c'est
» la Nature détournée de sa fin ; c'est la Nature
» entraînée vers sa ruine par la prévarication ;
» par l'essence de cette prévarication, par tout
» ce que Dieu a laissé de forces à la prévarication
» dans l'état où la suspension de la chûte a fixé,
» tant la Nature sur le penchant de sa ruine, que
» la prévarication fabricatrice du penchant.
» Mais c'est la Nature que Dieu violente de
» tout point sur le talus de l'abîme, pour l'em-
» pêcher de faire un nouveau pas vers sa ruine.
» En Dieu, cette violence est de miséricorde
» ou de justice paternelle seulement : le délais-
» sement seroit de justice vengeresse. Cette
» violence, en elle-même, est donc un bien ;
» un bien dans le Physique, qu'elle conserve ;
» un bien en Dieu, qui l'opère pour le bien ;
» un bien dans la Créature, libre qui y coopé-
» reroit dans la vue du même bien : elle est
» un mal pourtant ; mais c'est pour le Prévari-
» cateur envers qui cette Nature violentée de-
» vient un châtiment de miséricorde, & un
» piége de plus dure épreuve pour le repentir,
» ou de justice vengeresse pour l'endurcisse-
» ment final : elle est un mal encore ; mais c'est
» pour les Consorts du Prévaricateur envers qui

» la Nature violentée devient une fournaise
» purificatrice & un tourment (à sa manière)
» pour le tems. Le mal, dans cette Nature vio-
» lentée, je veux dire, dans *le Physique actuel*,
» n'est donc qu'un mal relatif.

» Cependant cet état violent, en ce qu'il est
» violent, ne peut être fixé que jusqu'à nouvel
» ordre. Ce nouvel ordre c'est la consomma-
» tion de l'économie des secondes intentions
» divines, c'est à-dire, des intentions réparatri-
» ces de l'intervention faite aux premières in-
» tentions du Créateur; c'est l'économie totale
» DE LA RELIGION RÉVÉLÉE. L'état critique
» actuel de la Nature en est la base : l'œuvre de
» la Rédemption en est l'édifice; la fin des tems
» ou la confirmation irrévocable de toutes cho-
» ses dans l'état respectif où elles se trouveront
» pour lors, en sera la consommation.

» Cette économie , c'est l'Oracle intérieur
» consulté , c'est la Philosophie plus qu'hu-
» maine , cette Philosophie pratique & sociale
» de tout point , étudiée dans le silence des
» passions désordonnées, qui nous en fait sen-
» tir le besoin : c'est cet Oracle, ou plutôt cette
» Philosophie toute divine qui nous la montre
» en perspective; qui nous en approche; qui
» nous convainc (pour ainsi dire) par le tact
» de sa réalité; qui nous invite à mériter, au

» moins par le defir, d'y être admis ; qui nous
» encourage à y entrer, à l'étudier avec exa-
» ctitude, avec perfévérance, avec zèle, &
» dans une confiance entière de ce qu'on en
» doit attendre par proportion de ce qu'on
» aura fait, & de ce dont on aura fçû profiter,
» pour s'en appliquer le bénéfice.

» Mais c'est à la doctrine de la Religion,
» c'est à la faine Théologie, c'est à l'Eglife,
» c'est à fes vrais enfans, qui enfeignent cette
» doctrine par leurs exemples autant & plus
» éloquemment que par leurs difcours ; c'est à
» l'efprit de l'Eglife & à ceux qui font animés
» de cet efprit ; à ceux enfin qui ont reçu la mif-
» fion à cet effet, à nous inftruire de cette écono-
» mie qui, toute entière, eft révélée : c'est là que
» tout le fyftème des fecondes intentions divi-
» nes fe montre à découvert, tout ce qu'il doit
» l'être; non pour fatisfaire une curiofité vaine &
» inquiéte, mais pour pourvoir abondamment,
» & même avec furabondance, à tous les be-
» foins du falut. On y voit les fecours offerts,
» les moyens de s'en appliquer les fruits ; mais
» on y découvre (où il faudroit fermer les
» yeux de gaieté de cœur pour ne rien voir)
» toute la profondeur & toute l'horreur de l'a-
» bîme où fe précipitent ceux qui négligens
» imprudemment, ou obftinément, de puifer

 » dans les tréfors de miféricorde, qui, dans le
» cours de cette vie mortelle, font ouverts à
» chacun de nous «.

Je m'arrête, & interpelle cette Philofophie
dont je combats les preftiges. Deux Natures
viennent de lui être mifes fous les yeux. A laquelle prétend elle que nous nous abandon-
nions, & que nous nous remettions de notre
fort en toute confiance ? Eft-ce à Celle qui tra-
vaille laborieufement à remonter vers fa fphère ; & à fe rétablir, en y arrivant, dans fon
premier équilibre ? Je ne le penfe pas ; car la
Doctrine que j'interroge paroît être ennemie
de toute gêne. Je ne parle ni de l'antique éclat,
ni du bien-être primitivement attaché à l'économie de cette Nature. L'un & l'autre ne fe voyent
plus qu'en tableau, ou comme dans une glace
qui nous les réfléchit trop foiblement, du centre encore un peu lumineux de la nuit des
tems.

C'eft donc à cette Nature qui tend à gliffer
doucement, & au milieu des fleurs qu'elle fe
féme, fur les berges de l'abîme aboutiffant au
gouffre où elle ne pourroit que s'engloutir, où
elle ne pourroit que s'anéantir pour jamais.
Quelque défefpérée qu'en foit la réfolution,
quelque flatteufe ou enchantereffe que foit l'illufion dont cette réfolution s'enveloppe ; la Na-

ture

ture qui s'y abandonne ne peut se diffimuler parfaitement la violence qu'une main toute puiffante fait à fon penchant frénétique, ni la perf-
pective affligeante d'un plus grand défefpoir qui
l'attend, fi elle ne coopère tôt ou tard à la violence de miféricorde qui lui eft faite : ce défefpoir eft de ne pouvoir jamais être anéantie. Cette
main divine qui la contrarie, en la confervant
pour l'amendement, fçaura la réferver, s'il lé
faut, à perpétuité, pour le châtiment & pour
la vengeance.

*Epreuve... à la bonne heure! Mais châtimens
& vengeances... Quelles idées à concilier avec
celle d'un Dieu,* s'écrie la Philofophie du pref-
tige! (Elle continue :) *Sa juftice même ne peut
être que bonté.* Je l'avoue ; mais c'eft que fa
bonté ne peut être réciproquement que juftice.
Eh ! comment fe le diffimuler ?

I I I.

Ma Méthode.

ABRÉGEONS la difpute; les queftions pour-
roient ne point tarir. Pofons les faits : tirons-en
les conféquences les plus immédiates : arrêtons-
nous fur la férie de ces conféquences, dès

C

 qu'il y aura jour à établir des principes : c'eſt alors qu'il y aura lieu de bâtir ſur des fondemens ſolides : autrement il faudroit renoncer pour jamais à édifier ; & ce ſeroit ſageſſe de le faire. Ne peut-on pas ſe faire cette méthode? C'eſt celle que je me ſuis preſcrite : elle regnera dans tous mes écrits.

I V.

Ce qui exige que je donne une Philoſophie toute nouvelle, ou du moins qui paroîtra telle ; car en effet elle ne l'eſt pas. Elle eſt auſſi ancienne que le monde : c'eſt la marche naturelle de l'eſprit humain. Toute autre marche eſt factice, & fait violence à la Nature.

Comme il y a aujourd'hui *Bien & Mal* dans le monde, il y a *Vérité & Erreur* dans la doctrine des hommes. Il ne s'agit ici ni de Vérité ni d'Erreur *abſolues* : l'une eſt d'une ſphère trop ſupérieure, l'autre d'une région trop inférieure à ce bas monde. C'eſt dans les Cieux, c'eſt dans *le conſubſtantiel à la Divinité* que réſide la Vérité abſolue ; c'eſt dans la région du Men-

fonge, dans l'abîme le plus voifin du néant, que
l'orgueil incurable, l'orgueil confirmé par la
profcription fe fait un principe de vaine gloire,
un principe de malice, un principe d'opiniâ-
treté victorieufe de toute conviction au contraire, un principe forcené en un mot de contra-
rier la Vérité de tout point, & de forger tous les
phantômes illufoires qui font les élémens de l'Erreur. Un fyftême raifonné de toutes les illufions
imaginables, & qui de toutes ne feroit qu'un
feul corps, donneroit l'Erreur abfolue. Tant
d'aveuglement ne peut aller qu'aux Réprouvés
du fecond ordre; à ceux qu'une féduction com-
plette a entraînés dans l'abîme, où ils attendent
la confirmation dans leur malheureux fort. A
leur comparition privée au tribunal du grand Juge, ils n'ont vû la vérité que pour la maudire, &
fans la reconnoître. C'eft au grand jour de la
manifeftation qu'ils la reconnoîtront enfin, &
qu'ils lui rendront forcément hommage en fe
maudiffant.

Ce n'eft donc que fur la vérité & fur l'erreur
relatives que la Philofophie a à exercer fon
droit de recherche. Dans tout ce qu'il y a de
vérités particulières, il y a trois Claffes à diftinguer; 1°. Celle des Vérités connues; 2°. Celle
des Vérités que nous fommes fur la voie de
connoître; 3°. Celle enfin des Vérités qui nous

C ij

feront à jamais inacceffibles, ou qui nous le feront pour le moins durant tout le cours de cette vie mortelle. La première claffe appartient toute entière à l'Hiftoire : elle gît toute en faits. La feconde eft l'objet de la Philofophie controverfifte : la vérité ne dédaigne point de s'y mettre, pour ainfi dire, aux prifes avec l'efprit humain : c'eft la fphère de la férie ou fuite non interrompue des conféquences à tirer de la *conftatation* des faits mife en évidence. La troifième eft le corollaire des deux autres. La première aura donné les axiomes de fait évident par lui-même, ou fuffifamment conftaté : la feconde en aura déduit les conféquences néceffaires : la troifième appuiera fur ces axiomes, & fur leurs conféquences toutes naturelles, une chaîne des principes irréfragables qui juftifieront de la folidité du fyftême philofophique que je propofe de fubftituer aux fyftêmes qui ont précédé.

Sans entrer dans la divifion de *Philofophie dogmatique*, dont l'intolérantifme politique, Père des fchifmes civils & nationnaux, eft le plus criant des abus : fans parler de *Philofophie fortuitaire* ou *fatalifte*, jouet fous un point de vue comme fous l'autre du doute académique, & dont le Pyrrhonifme décèle le comble d'abfurdité, comme en étant une conféquence trop naturelle : fans parler du *tolérantifme dogmatique,*

qui ramène tout au chaos de la doctrine & des
mœurs : j'obferverai que j'ai trouvé en règne ,
dans ces derniers tems, trois fyftêmes philofophiques. 1°. Le *Péripatétifme*, auquel Defcartes a porté les plus grands coups , & dont les
Ecoles Irlandoifes ne font point encore tout-à-
fait défabufées. On reproche à ces Ecoles de fe
payer de mots, plus que d'idées. A cet égard,
leur doctrine ne paroît point faite pour des
hommes. 2°. Le *Cartéfianifme*. Le chef-d'œuvre de cette Ecole a été de tranfporter la Géo-
métrie, ou fa méthode, dans toutes les branches
de la Philofophie, & fpécialement dans la Phyfique, qui en eft devenue expérimentale. Quant
au fyftême cartéfien , je veux dire *celui des
Tourbillons*, fon règne a été fort court. On
prétend qu'il n'y a plus que des entêtés qui y
tiennent. Je ne ferois pas fi tranchant. La Morale
& la Métaphyfique de Defcartes , fa Logique
même font plus intellectuelles que fenfibles. Se-
roit-ce trop fe hafarder que de dire que *le fentiment* y eft prefque perdu de vue. J'en appelle au
Cryterium veritatis des Cartéfiens. On diroit
qu'il n'eft propofé qu'à l'ufage des pures Intelligences. Malbranche , qui en a pouffé les conféquences au dernier période , s'eft trouvé conduit jufqu'à la poffibilité prétendue de douter
raifonnablement s'il y a des corps. 3°. Le New-

C iij

tonifme pour la Phyfique, le Lockifme pour la Logique, l'Hobéfianifme pour la Morale, les uns & les autres pour la Métaphyfique, & le Léibnitzme qui leur avoifine beaucoup; le Spinofifme enfin qui les embraffe tous, en fe prêtant indifféremment au Cartéfianifme que Spinofa a uniquement connu, ou au Newtonifme que les Difciples de ce Juif adoptent, avec encore plus de bienféance pour eux, à leur fyftême; l'efprit (dis je) de ces diverfes Ecoles confédérées, eft de rappeller tout au fens & à la matière. Leur plus grande fpiritualité ne s'élève guères au deffus du fentiment : & l'on fçait combien ces Ecoles penchent toutes à regarder le fentiment, (Père, felon eux, de l'intellect, qui n'eft lui-même, à ce qu'ils difent, qu'un fentiment plus réfléchi,) comme une des modifications de l'unique fubftance. Et par *la fubftance unique*, qui ignore qu'ils n'entendent que *la matière univerfelle* fufceptible de divifibilité; fufceptible d'une infinité de formes diftinctes les unes des autres; fufceptible d'un ordre dans l'économie de ces formes qu'ils appellent *organifation*; organifation dont le plus ou moins de fublimation peut donner, dans leur fyftême, la vie organique, la vie fenfitive, les fenfations, le fentiment diftinct, même l'intellectualité? La doctrine de ces dernières Ecoles, que je regarde comme partant toutes d'un même principe & tendant à une même fin, convient tout au plus à un Etre qui ne seroit que sentiment.

Je l'ai déjà dit, le Péripatétisme moderne ne peut aller à des hommes : le Cartésianisme veut de pures Intelligences : les plus nouvelles Ecoles ne parlent qu'à des Etres sensibles, & s'obstinent à supposer qu'il suffit de parler aux sens ; parce qu'il n'existe, disent-ils, que *de la matière*, laquelle, étant organisée à un certain point, donne *les sens*. Mais l'homme est en même tems *Corps, Sentiment & Intelligence* fondus dans *une unité harmonique*. Il lui faut donc une doctrine également palpable, sensible & intellectuelle au besoin ; *palpable*, pour ce qui se touche ; *sensible*, pour ce qui se sent ; *intellectuelle*, pour ce qui se conçoit ; & qui soit tout cela d'un seul trait pour ce qui se touche, se sent & se conçoit en même tems.

Je prouve, par le fait, que cette doctrine existe même pour ceux qui ne s'en doutent pas ; & qu'elle a existé telle dans tous les tems, dont il est venu connoissance ou révélation jusqu'à nous.

J'en infère qu'elle est dans l'ordre naturel, & qu'elle y est toute seule ; qu'ainsi toute seule elle est applicable tant *à la vérité connue*, qu'à *Celle qui est sur les voies de l'être* ; que ce à quoi elle n'eſt point applicable, c'eſt ce qui ne feroit que purement ſenſible, ou purement intellectuel ; objets qui tiennent à des vérités qui nous ſeront toujours inacceſſibles, au moins ici-bas ; objets dont la recherche ne peut donc être pour nous que de vaine curioſité, & ſouvent d'une curioſité très-dangereuſe. Or ces conſéquences renferment éminemment toutes celles, qui ſont naturellement à tirer dans les détails.

V.

Mes Principes.

Ces conſéquences ſommaires ſuffiſent pour m'autoriſer à poſer les Principes qui ſuivent :

1°. Rien n'intéreſſe l'Homme que l'homme même & tout ce qui a quelque rapport à lui : les autres Etres, l'Univers, Dieu même, n'intéreſſent l'Homme que par les rapports qu'il a avec eux.

2°. Deux Univers pour l'Homme ; l'un qui eſt en lui, l'autre qui eſt hors de lui. Celui qui eſt hors de lui, c'eſt l'*Univers phyſique* ; celui qui eſt en lui, c'eſt l'*Univers Moral.*

3°. Huit points de raliement dans l'un & dans l'autre de ces deux Univers, pour les rapports divers que l'Homme a avec chacun d'eux.

4°. C'eſt par ces différens rapports, dont la chaîne eſt graduelle & non interrompue, que l'Homme, dans l'Univers Moral où tout eſt relatif à ſon propre fait, part de lui-même, & s'élève juſqu'à Dieu ; & que, dans l'Univers Phyſique où tout eſt relatif au fait de Dieu, l'Homme part de Dieu, & arrive, de dégré en dégré, juſqu'à lui-même.

5°. La raiſon de ces rapports divers ſe prend dans les beſoins & dans les devoirs de l'Homme : ſes devoirs même ſont compris dans ſes beſoins.

6°. Sans l'acquit de ſes devoirs, l'Homme ne peut être heureux. Le bonheur eſt le beſoin capital de l'Homme : il comprend tous les autres.

7°. Nulle connoiſſance intéreſſante pour l'Homme, nulle qu'il ſoit de ſon devoir ou de ſon plaiſir d'acquérir, qui ne ſoit relative à quelqu'un de ſes beſoins.

8°. Ce n'eſt que ſucceſſivement, que les beſoins de l'Homme ſe développent ; parce que le développement de ſa nature n'eſt que progreſſif : la vérité, qui lui convient, ou qu'il comporte, ne ſe développe pour lui que dans la même progreſſion.

9°. La vérité que l'Homme comporte, ne fût-ce qu'ici bas, ſe bornant à ce que ſes beſoins exigent : l'objet des recherches de l'Homme, dans l'état actuel de ce monde ſublunaire, n'eſt donc qu'*une vérité relative*, & elle lui ſuffit. Toute autre vérité ſeroit pour lui un ſuperflu. La recherche de ce ſuperflu ſeroit pour le moins vaine, ou une pure perte de tems ; conſéquemment elle ſeroit illégitime : tout ce qui s'eſt fait à cet égard doit être rejetté.

10°. Si les vérités inacceſſibles ſe laiſſent entrevoir à l'Homme, ce n'eſt que pour lui impoſer le devoir de les adorer ; & pour lui procurer l'avantage de mériter, en les adorant : telle eſt l'unique connoiſſance qu'il puiſſe acquérir à leur égard.

11°. Aux beſoins actuels de l'Homme, à ceux qui ſont développés pour lui, s'offre un corps ſuffiſant de vérités connues, ſoit évidentes par elles-mêmes, ſoit qu'elles lui aient été développées par le procédé méthodique & exact de la démonſtration : à ſes beſoins plus ou moins prochains de leur développement, & par la voie démonſtrative, s'offre un corps ſuffiſant de vérités plus ou moins voiſines de leur manifeſtation.

12°. Vouloir, par une curioſité inquiéte ou orgueilleuſe, paſſer les bornes du beſoin réel qu'on a de ſaiſir la vérité ; c'eſt courir après la chimère, ou viſer ſacrilégement à pallier ſes

désordres. Fermer les yeux sur les besoins que
l'homme a de saisir la vérité ; c'est se livrer, de
gaieté de cœur, ou par foiblesse, à une erreur
volontaire ; c'est n'oser fixer ses devoirs, ou tendre à les anéantir ; c'est s'abandonner à un dé-
sespoir, là de malice, ici de découragement.

13°. Le détail du premier des deux Univers
mentionnés ci-dessus (je veux dire de l'*Univers
physique*) donne l'œuvre de la création en grand,
& l'image immédiate du Créateur *ad extra*. Le
détail du second (je veux dire de l'*Univers moral*)
donne l'œuvre de la création en petit ; l'abrégé
du Créé, & la miniature (quand tout y est dans
l'ordre) ou l'image médiate (*ad extra*) de l'Incréé. C'est la gloire de la Créature raisonnable ,
par qui tout retourne à son Créateur. C'est la
consommation de l'œuvre du Créateur, qui se
communique par cette Créature , à l'œuvre entier de sa création.

V I.

Ce que sont ces Principes à mon Corps de Doctrine.

Tels sont les Principes résultans de mon
Corps de Doctrine. Il les a eû pour principe,

il doit les avoir pour fin : il les confirme, il en doit être confirmé. C'eſt là ce qui en lie les parties; c'eſt ce qui en fait un Tout harmonique, un tout réel & de tout point conforme à l'Eſpéce de vérité que nous avons à rechercher.

V I I.

Ce que ſont ces Principes à ma retouche des Doctrines étrangères.

T E L S ſont les Principes d'après leſquels je n'héſite point d'avancer qu'il convient de retoucher toute idée mère en matière philoſophique; tout ouvrage vraiment original en ſon entier, dans quelque ſiécle que ces idées précieuſes, mais trop ſouvent altérées, aient été miſes au jour.

V I I I.

Ce qui exige que je faſſe ma retouche.

J'A I dit plus haut que *ma Doctrine exiſte même pour ceux qui ne s'en doutent pas ;* par où je veux faire entendre qu'elle eſt gravée dans le cœur de tous les hommes, & qu'elle eſt moins ma Doctrine que la leur : je n'ai rien qu'à la leur faire obſerver & réfléchir.

J'ai avancé que *ma Doctrine a exiſté dans tous les tems dont il eſt venu connoiſſance ou révélation juſqu'à nous.* Je l'ai prouvé plus haut par le droit : c'eſt ma retouche qui me donnera jour à le prouver par le fait.

On y verra que toute Doctrine purement humaine n'eſt ni abſolument vraie, ni abſolument fauſſe ; d'où il arrive que l'homme, livré à ſon propre mouvement, eſt en contradiction perpétuelle avec lui-même.

En diſtinguant & en recueillant avec ſoin ce que cette Doctrine renferme de Vérités précieuſes, dont pluſieurs juſqu'ici peuvent avoir été méconnues chez elle, enveloppées qu'elles y étoient dans l'erreur qui en abuſoit, je rendrai ſenſible, d'une part ce qui a pû fonder en quelque ſorte l'obſtination des Errans, & de l'autre en quoi la Doctrine purement humaine a tenu de tout tems à la Doctrine plus qu'humaine, ſans laquelle celle là n'auroit jamais eû de priſe ſur l'Eſprit humain qui, à conſidérer les choſes dans le grand, ne peut embraſſer l'erreur pour l'erreur, ni le mal pour le mal.

Les cas d'exception relative à cette grande règle d'équité, en ce qu'ils ſont particuliers &

ſubordonnés à un plus grand mobile, viennent tous en confirmation de la règle générale; bien loin de la contredire, comme on pourroit ſe l'imaginer. En effet il n'eſt aucun de ces cas particuliers dans leſquels il ſemble que l'homme embraſſe une erreur qu'il ſçait être une erreur, ou qu'il court après un mal qu'il ne peut ſe diſſimuler qui ſoit un mal; il n'eſt aucun de ces cas, dis-je, où il ne penſe que cette erreur ne ſoit une vérité myſtérieuſe qui tient à une vérité dont il a l'évidence, & qu'il penſe qu'on veut lui arracher; il n'en eſt aucun où il ne croie que le mal, auquel il ſe dévoue, ne lui ſoit une voie ouverte pour arriver à un bien, qu'il s'imagine qu'on lui envie.

Soyons de bonne foi, & nous conviendrons que nul de nos Frères n'eſt ni abſolument fou, ni abſolument errant. Chacun d'Eux tient à une vérité favorite, à un bien de prédilection. L'erreur des Uns, le travers des Autres gît à ne mettre ni cette Vérité, ni ce Bien à leur place. Qui ne ſent combien il eſt indiſpenſable de les y reſtituer ? Eſt-il quelque choſe de plus intéreſſant pour l'Homme que cette reſtitution ?

C'eſt elle que je me propoſe d'opérer quand, après avoir établi mon corps de Doctrine, comme je le ferai dans mon Ouvrage préliminaire, & en avoir tiré mes principes, je

porterai, par ma retouche, le flambeau de la
Philofophie plus qu'humaine, de cette Philo-
fophie dont la voix de l'Eternel qui fe fait entendre à nos cœurs eft l'Oracle, dans les fen-
tiers tortueux & ténébreux de la Doctrine contradictoire des humains.

Tout Lecteur éclairé par le flambeau qui
m'aura éclairé moi-même, n'aura plus qu'à
acquiefcer, ou à me juger, s'il a réuffi d'ailleurs
à s'établir dans le filence des paffions défordonnées : & ce n'eft pas lui demander l'impoffible ;
puifqu'il lui eft offert des fecours naturels, des
fecours du Créateur à cet effet.

C'eft alors qu'il achevera de fe convaincre fi
j'aurai eû tort de diftinguer une Philofophie
purement humaine, une Philofophie qui dédaigne de remonter au principe & de defcen-
dre à la fin de toutes chofes, ou qui ne le fait
qu'au gré de l'efprit particulier de quelque paf-
fion défordonnée, d'une Philofophie qui s'eft
mife dans le cas défefpéré de marcher au ha-
fard fur ce dont il importe le plus à l'homme
d'avoir des certitudes ; d'avec cette Doctrine
confolante qui, s'autorifant de l'Oracle intérieur & divin, de cette voix intime qui ne
tient qu'un même langage dans tous & chacun
de nous, de cette voix dont le témoignage dans
la bouche de tous les hommes eft un, comme

la Vérité fubftantielle eft une , ne redoute de s'égarer ni fur la Nature , ni fur les intentions ou fur les droits de l'Incréé , ni fur le principe, ou fur la fin du Créé ; ni fur l'idée faine qu'il y a à fe faire de toutes & chacune des révolutions auxquelles le Créé eft foumis , jufqu'à ce qu'à l'expiration de fon tems d'épreuve, fon fort foit décidé pour jamais.

C'eft quand il aura vû l'application de deux Efprits auffi différens l'un de l'autre à tous & chacun des Objets de nos connoiffances naturelles, qu'il fentira la différence totale d'un Tableau encyclopédique qui nâge dans le vuide , ou dont les chaînons palpables ne fe lient qu'à peine foit à un principe commun, foit à une Nature que fa Doctrine eft infuffifante à nous définir ; d'avec la chaîne de nos connoiffances acquifes ou à acquérir , que je lui aurai mife fous les yeux , en fyftème figuré *dans un Tableau*, & en fyftème raifonné *dans mon Corps de Doctrine*.

En un mot rien n'achevera, comme cette retouche , de rendre fenfible au Lecteur préparé comme je le defire, combien les deux feules méthodes que nous ayons à la main pour la découverte de la vérité (l'Analyfe & la Synthèfe) s'appliquent heureufement à mon fyftème des connoiffances humaines , & combien
elles

elles s'y prêtent mutuellement de fecours pour
produire leur effet refpectif & commun , cha-
cune d'elles étant mife à la place qui lui convient : je veux dire l'*Analyfe* mettant l'Homme
en état de partir de lui - même , comme il eft
naturel qu'il le faffe , pour embraffer la Nature,
& pour s'élever de la Nature jufqu'à Dieu
(l'Etre par foi) qui en eft le principe ; & *la
Synthéfe* rappellant l'Homme, du Créateur , par
toutes les branches de la Nature , jufqu'à la
Créature raifonnable , telle que l'Homme fe
fent être; & qui eft la fin du Créé , en ce qu'elle
le ramène au Créateur.

I X.

Conclufion de ce Profpectus.

JE n'ai plus ici qu'à donner 1°. une efquiffe
de cette Chaîne; 2°. Une idée fommaire de
l'ordre & de la nature des Difcuffions dans lef-
quelles il m'a fallu entrer , pour en démontrer
la folidité ; 3°. Et à rendre compte de l'Efprit
philofophique & focial qui m'a mis la plume à
la main.

✣

D

PROSPECTUS.

Esquisse sommaire de ma Chaîne encyclopédique des connoissances préliminaires *.

I. Qu'on se rappelle mes Principes : j'y dis en tête que l'*Homme est l'objet capital de ce qui intéresse l'Homme ; que les autres Etres, l'Univers, Dieu même, n'intéressent l'Homme que par les rapports qu'il a avec eux.* J'y reconnois *deux Univers relativement à l'Homme : l'un qui est en lui, c'est l'Univers moral ; c'est ce qu'il met de son fait, soit en usant légitimement, soit en usant illégitimement de lui-même & de la Nature, dans le fait du Créateur : l'autre Univers qui est hors de lui, & il y est compris lui-même, c'est l'Univers physique ;* c'est le fait du Créateur, considéré en lui même, quoiqu'on n'y perde pas de vue, là l'usage légitime, ici l'abus que la Créature raisonnable en a fait & en pourra faire encore. Enfin j'ai annoncé *huit points de raliement dans l'un comme dans l'autre de ces deux Univers, pour les rapports divers que l'homme a avec chacun d'eux.* Voyons.

LA MÉTHODE ANALYTIQUE fournit l'*Echelle de l'Univers moral,* par laquelle l'homme s'élève de lui même jusqu'à Dieu, Principe de toutes choses. L'Homme commence donc par faire un retour sur lui-même. Il y découvre des traces presqu'effacées de son antique grandeur. Ce

---

* VOYEZ LE TABLEAU GÉNÉRAL OU SYSTÉME FIGURÉ ET ENCYCLOPÉDIQUE, &c. qui est à la tête de ce PROSPECTUS, Planche première & gravée.

font celles de fa nature primitive, où rien n'a-
voit encore altéré l'œuvre de fon Créateur en
lui. A ce trifte & premier coup d'œil il n'a pas
le courage de fixer des traces auffi précieufes.
Il fe jette fur fon état actuel, fur celui de fa
nature dépravée. Il n'y découvre qu'une Car-
rière laborieufe à fournir, qu'une Liberté naturelle qui l'incommode, qu'une Férocité qui lui
infpire de l'horreur pour lui-même. Une foule
de befoins lui font fentir Celui de la fociabilité :
il vole à fes Egaux. Il en eft accueilli. Mais la
Société exige de lui des facrifices. Il les lui fait,
pour s'affocier aux droits de cette puiffante
Protectrice. Il reconnoît la juftice des Loix ; &
s'y foumet lui-même, pour en être protégé.
Mais il lui faut communiquer fes idées, &
entrer en communication des idées de fes
Semblables. Il penfe à y mettre un certain ordre ; il adopte les fignes qu'on lui préfente
pour les rendre fenfibles. Il entre en commerce
raifonné avec fes Semblables. Il découvre que
leur raifon eft montée prefqu'à l'uniffon de la
fienne. Il entre en communication de leurs lumières : il fe façonne avec Eux : il va jufqu'à
s'approprier toutes leurs connoiffances & toute
leur induftrie : il les joint aux fiennes propres :
tous les tréfors de la Société lui font ouverts ;
il en jouit. Mais le long ufage des biens, en

D ij

enfante la satiété : de la satiété, naît le dégoût ; & le dégoût rend l'esprit épineux , difficile & critique. Tous ces avantages, dont il s'applaudissoit d'être en possession ; il ne les voit plus du même œil. Il n'y remarque plus que contradiction , que ridicules, qu'absurdités ; rien qui ne jure étrangement avec la règle *du mieux convenable* ; règle qu'il forge souvent au gré de son caprice , tandis qu'il se plaît à imaginer que la Nature la lui a présentée. C'est qu'il va jusqu'à se forger une Nature à sa mode. Celle qui ne seroit point de sa fabrique , auroit quelque chose de trop contrariant pour lui. Bientôt l'épine , dont il pointe les autres , est tournée contre lui - même. Chaque homme abonde dans son sens, comme il abonde dans le sien. Il n'éprouve que contradictions dans ses systêmes de réforme. En effet quelle autorité tireroit-il de son sens propre , pour subjuguer celui des Autres ? Il lui faut donc recourir à un sens commun qui , de plein droit , puisse faire loi. Il le cherche dans le commerce de la vie : le sens commun y est trop offusqué , trop contredit , trop décrédité même , pour y être reconnu. Il a recours à l'Histoire. Elle lui présente deux Tableaux ; celui *de la folie* , c'est le plus volumineux ; celui *de la sagesse* , au moins y est-il en honneur. Il en étudie les caractères. Il leur reconnoît quelque ressemblance avec ces traces

d'antique dignité, qui l'avoient d'abord frappé
dans sa Personne. Ses Semblables, observés de
plus près, ne lui en paroissent pas plus dépour-
vus que lui. Il entre dans le violent soupçon
d'une Nature dégradée. En pénétrant de bonne
foi jusqu'à la source de l'Histoire, il en découvre les traces : le Principe de la dégradation
lui est dévoilé : la Chaîne de ses funestes progrès lui est développée. La fausse Politique, &
les Cultes de Révélation *controuvée*, lui en paroissent le comble. Il en conçoit la plus vive
indignation. Il se retourne sur l'Histoire du
bien : il en dévore la suite : il en admire l'ensemble : il en sent toute la solidité, bien préférable au faux éclat de la vaine gloire qui s'éva-
nouit avec les foux, qu'on voit se repaître de sa
fumée. La gloire du bien survit à ce bien. Les
fastes de l'Histoire ne lui permettent point de
finir. Mais sur quels principes est appuyée la
solidité de ces éloges ? Sur des principes que
nul homme n'a le front de contredire, qu'aussi-
tôt une nuée de ses Contemporains, que la Pos-
térité toute entière ne s'élève contre lui. Il a
beau crier *au préjugé*. On lui répond constamment, qu'il s'abuse tout le premier ; & on ne
tient nul compte de ses sarcasmes outrageans.
Les traits en retombent sur sa tête : il n'en est
que plus bassoué. Ces Principes irréfragables

D iij

font donc autant *de Principes de fens commun.* L'homme défabufé, les recueille précieufement : il en réforme toutes fes idées. Mais il en veut connoître la fource. Il la découvre dans *cette voix fociale & d'intérêt commun*, qui fe fait entendre au cœur de tous & chacun de nous, dans le filence des paffions défordonnées ; dans cette Voix qui ne tient qu'un même langage dans toutes les bouches qui lui fervent d'organes ; dans cette Voix qui ne peut être que celle de l'Etre à qui les intérêts de tous les Hommes font auffi chers, que ceux de chaque Individu de l'Efpéce humaine ; parce que tous les Hommes font également fes Enfans ; dans la Voix de celui pour qui toutes les Créatures font auffi précieufes, que chacune d'elles lui eft chère ; parce que toutes les Créatures font également fon œuvre. Ainfi l'Homme devenu fidèle à recueillir les Oracles de cette voix intime & toute célefte, fe rapproche de fa nature primitive. On lui annonce une Religion d'économie auffi ancienne, que l'eft l'époque de la prévarication : Religion propre à réintégrer fa nature, & à la confirmer dans le bien : il l'embraffe, & cette Religion l'élève jufqu'à Dieu.

Ici finit l'ECHELLE ANALYTIQUE. Elle a conduit l'Homme au terme propofé : elle l'a pofé dans le fein de Dieu. L'Homme s'y complaît : il voudroit y demeurer. Mais une main de juſtice l'en repouſſe. Son tems d'épreuve n'eſt point encore fini. Il a eu l'avant-goût du bien auquel il doit tendre. Cela doit lui ſuffire pour le préſent : il faut qu'il retourne en ſon lieu,

La Méthode synthétique fournit l'*Echelle de l'Univers phyſique*, par laquelle l'Homme eſt rappellé du Créateur, par toutes les branches de la Nature, à la ſphère des Créatures raiſonnables ſublunaires, qui eſt ſa ſphère ; d'où il remontera, en ſon tems, juſqu'à Dieu ; & y entraînera toute la Nature, dont le ſort dépend du ſien ; en ce qu'il eſt, concurremment avec ſes ſemblables, le Prètre et le Roi du Créé. Ici, j'ai à me répéter de quelques mots qu'on aura déja lûs plus haut.

Que l'Homme, porté en eſprit par la Religion, voit il dans le ſein de Dieu ? L'Etre par ſoi, l'Etre Maître de ſon Etre, que la raiſon & l'amour de ſes perfections infinies lui font conſerver. *Conſiſtance*, *Raiſon* & *Amour* de ſes perfections, ſont les trois relations qui conſolident la ſubſtance d'un Etre : elles le complettent ; elles s'y diſtinguent nettement l'une de l'autre, ſans le diviſer. Elles ſont, ici ſources communes, là ſources reſpectives de ſes attributs, facultés, propriétés, &c. Si la perfection de cet Etre eſt infinie, il eſt ſeul &

unique de sa substance. Qui dit *souveraine per-fection*, dit *perfection exclusive de toute égale.* Or, qui borneroit les perfections de l'Etre par soi? Pourquoi ne se les donneroit il pas toutes; puisqu'il se donne l'Etre? S'il ne se le donnoit; feroit-il souverainement libre? Il y auroit né-cessité *fatale* en lui. Mais s'il usoit de sa liberté, pour cesser de se donner l'être, seroit il souverainement raisonnable, souverainement ami du bien? Il n'y a donc en lui que nécessité d'*amour* & de *raison.* Nécessité purement morale; mais d'une moralité divine, qui est d'une toute autre force que la nécessité *fatale*, ou plutôt *physique*, qui a lieu dans le Créé.

Dieu est *un*, & il existe d'*autres Etres* : ils lui sont donc inconsubstantiels. Aussi sont-ils dits *exister*, être de Dieu & hors de Dieu. C'est de Dieu seul, qu'il peut être dit : *il est celui qui est.*

Mais *ces Etres inconsubstantiels*, où ont-ils pris leur être? d'où est venue la raison de leur être? Celle-ci est dans les idées de Dieu; c'est LA RAISON *ad extra.* Quant à leur être, ils l'ont tenu de ce que *la Puissance incréée ne pouvoit qu'être associée à l'œuvre de la Raison incréée.* Mais *les idées de l'Eternel*, où ont-elles pris leur Type? Dans tous & chacun des Attributs divins. Ces Attributs ont quelque chose de communicable & quelque chose *qui ne l'eſt pas.* Leur incommunicable, c'eſt L'INFINI; c'eſt ce qui en fait le divin. Leur communicable, c'eſt *ce en quoi l'infini peut ſe prêter au fini.* Le Créé, qui n'eſt que le Poſſible réduit à l'acte, le Plan idéal du Créé réaliſé & converti en ſubſtances, eſt donc l'image *au fini* de ce qu'eſt l'Eternel à l'infini. Le *Poſſible,* c'eſt LA NATURE LÉGIS-LATRICE; le *Réel,* c'eſt CETTE MÊME NATURE EXÉCUTRICE DE SES PROPRES LOIX.

Mais le Créé eſt multiple. Donc chaque ſubſtance individuelle eſt, dans ſon Etre, ce que le Créé eſt dans le Tout; je veux dire, *image de ſon Créateur.* Elle l'eſt d'autant plus parfai-tement, qu'elle eſt une dans ſes trois Relations capitales (*conſiſtance, raiſon & amour* de ſon Etre) ſources de ſes attributs, propriétés, qua-lités, &c. Mais ce que chaque Subſtance eſt en ſoi, le tout doit l'être *dans ſon individualité harmonique.* Pour cela, il faut que, de toutes les Subſtances ou de tous les Elémens ſimples du Créé, une partie repréſente *la pure & ſimple Exiſtence;* une ſeconde partie, *le pur & ſimple Sentiment;* une troiſième, *la pure & ſimple In-telligence.* Pour cela, il faut que, dans chaque ſubſtance, deux de ſes Relations capitales & les Attributs qui en dérivent ſoient engourdis: la ſeule Relation, qui y doit prédominer, & ſes

PROSPECTUS

Attributs étant en vigueur. Delà, TROIS CLAS-
SES DE SUBSTANCES : l'une *d'exiſtence pure &*
de ſes attributs ; l'autre *de ſentiment pur & de ſes*
attributs ; l'autre enfin *d'intelligence pure & de*
ſes attributs. La première Claſſe donne L'U-
NIVERS ORGANIQUE ; la ſeconde donne L'U-
NIVERS SENSIBLE ; la troiſième enfin, L'UNI-
VERS INTELLECTUEL. *Un Corps* du premier
ordre de ſubſtances, *une Ame* du ſecond ordre,
un Eſprit du troiſiéme ordre de ſubſtances, tous
trois hypoſtatiquement unis dans l'Homme,
donnent un *Tout harmonique*, qui eſt L'ABRÉGÉ
DU CRÉÉ , comme *le Créé* eſt L'IMAGE DU
CRÉATEUR , *ad extra.*

J'abrège, parce que ceci n'eſt qu'un ſom-
maire. On a vû confuſément les huit points de
raliement dans chaque Univers, pour les rapports que l'Homme a avec eux : les voici bien
diſtingués , avec l'articulation des rapports plû-
tôt indiqués que motivés & raiſonnés. J'y joins
la Nomenclature des Sciences mères de pluſieurs
Autres , qui ſe trouvent naturellement diſtri-
buées ſous les points de raliement qui leur ſont
reſpectifs.

Eſquiſſe un
peu plus dé-
taillée de ma
Chaine ency-
clopédique ,
avec l'articu-
lation des rap-

UNIVERS MORAL. 1°. L'*Homme en ſa*
Nature première, eſt l'objet qui ſe préſente d'a-
bord. L'Homme fait un retour ſur lui, pour
ſe rendre raiſon de ce qu'il eſt. Des traces aſſez

confuses de son ancienne grandeur , le frappent. S'il pouvoit se résoudre à les fixer , elles lui donneroient l'ANTROPOLOGIE , ou *la science de son premier tems d'épreuve* , qui n'étoit qu'une épreuve douce ; ou celle *de son état d'innocence.* Mais il ne voit plus en lui qu'*un Noble dégénéré.* Au contraire de ce que son devoir & ses intérêts même lui dicteroient , (car *devoirs & intérêts* ne sont réellement qu'une même chose) il veut perdre de vue des titres qu'il ne croit plus propres qu'à lui inspirer des regrets. . . . . . 2°. *L'Homme en sa Nature actuelle* est ce qui le fixe ensuite. Il lui donne l'ANTROPOLOGIE *de l'ordre des secondes intentions divines sur l'Homme* , le sentiment trop palpable , & trop propre à raisonner , d'un état d'épreuve plus laborieuse , la connoissance trop peu équivoque d'une Nature dépravée , & où tout marche au contraire de l'ordre primitivement naturel des choses. Les sens y dominent sur l'esprit ; les passions désordonnées sur la raison. Mais c'est un Malade qui ne veut pas trop sentir son mal, de peur d'en être accablé. En s'étourdissant dessus, il glisse malheureusement sur les moyens les plus efficaces de sa guérison. . . .
3°. Des besoins sans nombre le poussent vers la Société ; il y vole. Elle appuye sur les dan-

PROSPECTUS.

ports & la nomenclature des Sciences mères , chacune d'elles en son lieu.

gers de la liberté naturelle, de la férocité qui n'eſt qu'*un ſentiment de ſes forces perſonnelles, ſans aſſez d'égards à celles des autres.* Elle lui fait goûter les avantages d'une liberté raiſonnée, où l'on fait des ſacrifices pour en recevoir. Elle lui donne *la connoiſſance des Loix; celle des diverſes formes de Gouvernement ; & de la convenance de cette diverſité, conformément au tems, aux lieux & aux circonſtances.* Elle ſe montre à lui comme le foyer commun, où l'Induſtrie brute & les Arts d'inſtinct viennent reprendre une nouvelle vigueur, & réunir leurs forces; d'où elle lui laiſſe inférer ce que peuvent devenir l'adreſſe humaine & les connoiſſances, dans le ſein de la Société. . . . . .

4°. Bientôt l'Homme ſent le beſoin de l'éloquence, pour convaincre ou perſuader ; & de l'élocution pour ſe faire entendre avec plaiſir. Pour y parvenir, il faut qu'il s'approprie au moins une langue ; & qu'il étudie le génie des Hommes, pour mieux ſaiſir leur goût. Il faut qu'il réfléchiſſe ſur *la Métaphyſique du langage* ou *la Logique grammaticale ;* qu'il s'applique *au méchaniſme de la Grammaire ;* qu'il étudie *le génie de la langue que parlent les gens qu'il veut perſuader ;* qu'il *raiſonne les paſſions humaines & leur jeu,* &c. les mœurs, les uſages, les coûtumes, les intérêts & l'induſtrie d'une Nation. Il ne le fait encore que d'une manière brute, & qui ſent le marteau ; il veut s'y agguer- rir, & s'y perfectionner. . . . . 5°. Il vole à ceux chez qui *la Diſcipline des Arts & des Sciences* eſt en vigueur. Il ſe fait leur Diſciple, & leur ſurprend le ſecret de toute *leur induſtrie raiſonnée.* Ses talens ne ſont plus d'emprunt. Ils ſont à lui. . . . . 6°. Son goût formé & ſon adreſſe agguerrie, le rendent plus difficile. Il ne s'en fie plus à ſes Contemporains. Il en veut conſulter les Siécles écoulés. Il a recours *à l'Hiſ- toire & à ſes annèxes.* Il jette un coup d'œil ſur celle de la marche du Génie & de l'Eſprit humain. Il y voit que *le grand Art* eſt *celui de gouverner.* On veut au moins s'y entendre , ne fût ce que pour en raiſonner. Ci-devant il avoit obſervé *les Mœurs perſonnelles* , ou *na- tionnales :* ici, c'eſt *aux Mœurs & au Génie du Genre humain* qu'il s'arrête. Il y voit *la Folie & la Sageſſe.* . . . . 7°. Les Foux ſont foule, dans tous les ſiécles. C'eſt dans *le maniement de la Politique* qu'ils ſont plus dangereux : c'eſt où ils lui ſont plus d'horreur. Son indignation redouble, quand il les voit ſacrilégement abu- ſer de l'eſprit naturellement religieux des Peu- ples. Il frémit ſur l'indécence révoltante *des faux Cultes,* & prend pitié de leur abſurdité. Les

PROSPECTUS. Doctrines erronées le font gémir : l'incrédulité, ou le doute abfolu ne lui paroiffent qu'un défefpoir. Il fe dégoûte de la Folie. Il rit de ceux qui fe piquent de s'y diftinguer, comme fi c'étoit une Sageffe ; & qui fe flattent de s'y faire un nom. Il rit d'eux & de leur vaine gloire, qui s'évapore avec eux en fumée.... 8°. Il court dans les bras de la Sageffe. Il y trouve *la Saine Philofophie*, non celle qui fe fingularife par les Paradoxes & fe diftingue par les Contradictions dont elle fatigue les autres, & qu'elle éprouve elle-même ; mais *la Philofophie du Sens commun* ; celle qui va *aux Petits* comme *aux Grands*, *aux Simples* comme *aux Génies* ; celle en un mot qui veut *le bien général des Hommes*, & non *l'intérêt exclufif du Particulier* ; qui ne fçait ce que c'eft que d'allier *l'infociabilité par principes*, avec *la Société* dont elle prétendroit faire une Dupe. Cette Philofophie ramène l'Homme ; & l'éclaire fur fon ancienne grandeur, fur *fa dignité primitive*. Elle lui infpire le defir de la faire revivre en lui : elle l'élève jufqu'au Sanctuaire de *la vraie Religion* ; & l'avertit que c'eft là que fa Nature fera réintégrée. *La Religion* accueille l'Homme, achève de lui deffiller les yeux, lui épure le cœur, & le porte dans le fein de fon Créateur, fon Réparateur, fon Rédempteur & fon Dieu.

Univers Physique. 1°. L'Homme voudroit bien demeurer dans ce lieu de délices ; mais il lui faut revenir fur la Terre : il n'eſt encore qu'en Efprit dans le Ciel. Avant que de quitter cette Sphère de lumière, il en contemple l'Aſtre. Il voit l'Etre Principe de lui-même, Principe de tout Etre, Cauſe première de tout ce qui exiſte, de tout ce qui eſt de lui & hors de lui en même tems. Principe de lui-même, l'Infini lui eſt *confubſtantiel*, c'eſt le fond de ſon Etre ; *la Raiſon & l'Amour* de cet Infini, en ſont l'image & la réproduction éternelle, *confubſtantielles* à cet Infini. C'eſt *la Théologie naturelle* fortifiée des lumières *de la Révélation hiſtoriquement conſultée.* L'Homme y ſent la dépendance où *le Créé* ne peut qu'être perpétuellement *de l'Incréé*, qui l'a produit une fois & le reproduit ſans ceſſe : il ſent ce que la Créature raiſonnable doit d'hommages à ſon Créateur pour elle même, & pour tout ce qui eſt comme n'étant pas doué de raiſon. . . . . 2°. En ce que l'*Infini* peut ſe prêter *au Fini*, *la raiſon du Créé* ſe fait ſentir. Cette raiſon eſt LA RAISON DIVINE *ad extra*. Elle eſt *de lui* ; ſans être *lui*, & même ſans être *hors de lui* ; c'eſt *le corps & l'enſemble de ſes idées éternelles* : c'eſt *le Plan du Créé* ; c'eſt LA NATURE IDÉALE, LÉGISLATRICE, PREMIÈRE

 CAUSE SECONDE DE L'ORDONNANCE, DU DÉ-
VELOPPEMENT PROGRESSIF DU CRÉÉ ; ET DE
L'ORDRE FIXE QUI REGNERA DANS LE CRÉÉ,
QUAND SON ÉTAT SERA UNE FOIS CONFIRMÉ.
Cette contemplation donne à l'Homme *la Métaphyfique du fait de Dieu*, & *l'Ordre fyftémati-
que & tranfcendant des Poffibles:* … 3°. LA RAI-
SON INCRÉÉE affociant L'ESPRIT OPÉRATEUR
à fon œuvre, *le Poffible* fe convertit *en Réel*,
LE CRÉÉ a lieu. L'Homme y voit *la Cofmogo-
nie* ou *génération des Etres*, leur développement
progreffif ; *la Phyfique générale* en un mot.
Dans *le Poffible*, il a vû l'efquiffe du Tableau
dont il eft la miniature ; dans *le Réel*, il en voit
l'exécution. Là il avoit à fentir combien il doit
coopérer à devenir conforme à fon Type ; ici,
il fe reconnoît, à titre de Créature raifonnable,
comme PRÊTRE DANS SON TEMPLE : il conçoit qu'il n'en doit pas fouiller la fainteté…..
4°. L'*Empirée organique*, auquel il defcend, &
l'ordonnance de la Milice célefte le frappent. Il y
puife *la Cofmographie aftronomique*, la Connoiffance du Ciel Empirée & de l'ordre comme
de la forme phénoménique des Conftellations.
Il y reconnoît la voute brillante & riche de fon
Palais. Il y foupçonne beaucoup plus de ri-
cheffe, & une toute autre ordonnance qu'il n'y
en découvre en paffant avec rapidité : il n'en

fent

ſent que mieux la dignité dont il eſt revêtu ; puiſque ſa raiſon le fait être Roi de la Nature, & que le Monde organique eſt ſon Palais....
5°. Il paſſe delà à ſon orbite ſolaire, qui lui donne *la Coſmographie Chronologique*, ou la ſcience des Tems & des Révolutions céleſtes ; *la Phyſique Syſtématique* en un mot. C'eſt le Cadran qui règle l'heure & le moment de ſes actions. Il en économiſe les importans avis.....
6°. Il arrive enfin dans ſon Monde ſublunaire. Le reſte eſt ſon Empire, peut-être : ceci eſt abſolument ſon domaine. Quel autre Etre que l'Homme y eſt doué de ſentiment & d'intelligence en même tems? Quel autre y a l'autorité de la Raiſon, l'aſcendant de la Force, compenſée en ce qui lui manque, par une induſtrie qui peut tout entreprendre, tout tenter pour le moins, & qui, ſi elle n'eſt imprudente, manque rarement ſon coup. Tout y eſt, ce ſemble, à la diſcrétion de ſes beſoins réels, ſouvent même de ſes beſoins de fantaiſie. Le Monde ſublunaire offre à l'Homme *la Coſmographie géographique*, *l'Hiſtoire naturelle*, *la Phyſique particulière & expérimentale*, *les Phyſico-Mathématiques*, &c. *la Science des Météores & de leurs influences*. Il s'y promène dans les trois Règnes, *le Minéral*, *le Végétal* & *l'Animal* ; il s'y perd dans les abîmes & autres Matrices

des productions de la Terre. C'eſt un puiſſant Poſſeſſeur dans ſes domaines : c'eſt un Riche au milieu de ſes tréſors. Mais l'Homme eſt la caution de ce Monde ſublunaire. Le ſort de tout y dépend de celui de l'Homme ; & le ſort de l'Homme dépend de ſa conduite envers lui-même, envers les autres Etres, envers le Créateur. S'il en abuſe, il perd ſon Monde avec lui : s'il en uſe ſenſément & raiſonnablement, il ſauve tout avec lui. Tels ſont ſes engagemens, il doit y être fidèle ; ce n'eſt qu'à ce prix que la Nature ſublunaire lui prodigue tout ce qu'exigent ſes beſoins, ſes néceſſités, ſon agrément. . . . . . 7°. Il voit ſur la Terre des Etres ſenſibles, & il ſe ſent tel lui-même. Cela lui donne *la Pneumatologie du ſentiment* & de tout ce qui eſt image de la vie, comme le jeu organique naturel, artificiel, &c. Si le commerce du ſentiment fait les Amis, ſi l'épreuve d'une même fortune fait qu'on s'intéreſſe à ſes Conſorts, l'Homme doit regarder les Etres ſenſibles comme ſes Amis, s'intéreſſer pour tout ce qui paroît avoir vie, compâtir aux ſouffrans, ſe réjouir avec les heureux, prêter aux uns & aux autres ſon ſecours, dès qu'ils paroiſſent l'implorer. . . . . . 8°. Mais il rencontre des Etres autant & plus intelligens que lui. Quant au plus ou au moins, ils ne le ſont pas en substance. Toutes les Intelligences sont PROSPECTUS. au même degré. Des accidens tous seuls y mettent de la différence. L'Intelligence donne à l'Homme *la Pneumatologie intellectuelle,* & celle de tout ce qui est image de la Raison, comme l'*Instinct* & certaine ordonnance de marche organique, naturelle ou artificielle, &c. Elle lui donne encore l'*Ontologie* ou science des généralités & des abstractions, qui est *la Métaphysique du fait des Intelligences.* Au titre de la Raison, un Etre intelligent, entre les autres Intelligences, est un Noble au milieu de ses Egaux. Il doit leur disputer des titres, & ne rien faire qui ne l'en fasse honorer. C'est alors que l'Homme, en recommençant son Cercle, peut fixer sa grandeur primitive & l'état d'innocence naturelle d'où il étoit déchû. Il s'y reconnoîtroit image de la Nature, qui l'est elle-même de son Dieu. Ses yeux n'en seroient que plus frappés de la profondeur de l'abîme vers lequel il panchoit dans son état de Nature tombée. Il n'en revoleroit qu'avec plus de zèle & de reconnoissance dans le sein de Dieu, où il doit trouver finalement son repos & sa confirmation dans une joie inaltérable, & dans une gloire qui ne sera plus ternie.

Voilà la peinture morte de ma chaîne encyclopédique. Ce qui lui donne la vie, c'est l'engrainage des roues & le mobile qui les fait aller : voici le compte que j'en rends.

Le mobile général, c'est l'*Homme*. Il est au centre de la Machine ; il agite tout par *ses rapports*, qui ne sont autre chose que *ses besoins & ses intérêts*. Or, je demande si les intérêts sont actifs ? Deux autres mobiles embrassent, l'un l'*Univers Moral*, l'autre, l'*Univers Physique* ; c'est l'Analyse & la Synthèse. Ils se partagent également la Machine, & sont à la circonférence de leur district. L'Homme les contraint à marcher sans cesse à la suite l'un de l'autre, en se touchant, & comme en se poussant ; mais sans s'engrainer. *Les Inductions systématiques* viennent ensuite. Ce sont elles qui lient les deux mobiles secondaires. Elles les entraîneroient un trop grand train, car elles embrassent toutes seules quatorze articles, à commencer par *la Nature*, première cause seconde, que les Doctrines purement humaines connoissent si peu pour ce qu'elle est ; & à finir par *la Politique*, dont ils se font une aussi fausse idée. Des engrainages subalternes en ralentissent le cours. 1°. C'est *le Monde organique* qui embrasse trois articles, à commencer à *l'Empyrée* & à finir *au Monde sublunaire*. 2°. C'est *la production & l'ordonnance du Créé*, qui embrasse deux articles ; celui du *Possible* & celui du *Réel.* 3°. C'eſt *l'Etat de Nature tombée pour l'Agent moral ſublunaire.* Cette partie pourroit cauſer du détraquement dans la machine ; car elle eſt précipitée dans ſa chûte. Elle embraſſe ſix articles, en commençant à *l'Homme en ſa Nature dépravée,* & finiſſant *à la Politique purement humaine.* Mais premièrement *les Inductions ſyſtématiques,* comme embarraſſées de plus de branches, ralentiſſent conſidérablement ſon mouvement. De plus, deux autres mobiles, l'un embarraſſé par lui-même, l'autre aſſez poſé de ſa nature, le ſerrent de fort près, en embraſſant les mêmes branches que lui. L'un de ces mobiles eſt *le Chaos & la confuſion où la Prévarication a jetté les connoiſſances humaines :* l'autre eſt *la ſaine Philoſophie appliquée à débrouiller ce Chaos,* & à y mettre un peu plus d'ordre, en attendant l'œuvre de la Religion. Mais ce qui fait le fondement, le comble en même tems & la ſolidité de la machine ; c'eſt *un Coin* inſéré dans l'entame que *la Prévarication* y avoit occaſionnée par ſes ſecouſſes, quand rien ne les modéroit. Ce Coin a à ſa pointe *la Théologie purement naturelle & la Théologie naturelle fortifiée des lumières de la Révélation.* Toutes deux ſont entrées à cette pointe par *la Tendance à l'état de Nature réparée* qui s'eſt appliquée & collée à leurs ba-

E iij

Prospectus.

fes, & qui leur fert de bafe commune. Cette bafe a bien un mouvement qui pourroit avoir affez d'ardeur; mais fon activité eft modérée par l'*à propos de la confommation de l'œuvre de la Rédemption*, qui la furmonte, la contient & la dirige à fon gré. C'eft *ce Coin* d'admirable artifice, qui empêche que ma chaîne ne fe détracte, foit par le trop de pétulance de fes mobiles, foit par le vuide qu'elle rencontreroit, où la contiguité de fes chaînons avoit été entamée. C'eft le balancier de la Pendule; l'*à propos* de la confommation de chaque chofe, en fon tems & en fon lieu, en eft l'échapement. Ce font eux qui en règlent les mouvemens avec tant de fageffe, que les tems qu'elle marque, font parfaitement d'accord avec la marche progreffive & judicieufe que nous cherchons à faifir, & à fuivre dans tous fes pas. Tel eft le compte que j'avois à rendre de l'ordonnance de mon Tableau, dont *ma Vérité connue, &c.* ne fera que le *Syftéme raifonné*, détaillé de tout ce qu'il conviendra qu'il le foit, pour ne rien laiffer à défirer en matière auffi intéreffante, que l'eft *un nouveau Corps de Doctrine à fubftituer aux Anciens.*

Idée fom-
maire de l'or-
dre & de la
nature des dif-
tinctions qu'o-

Si quelque chofe peut m'affurer que je n'avois pas un meilleur ordre à mettre dans mon Corps de Doctrine & dans la Retouche

que je propose de faire, en revoyant tous les
Corps de Doctrine qui ont précédé le mien ;
c'est le soin que j'ai pris de discuter avant tous
les Points de Doctrine qui pouvoient souffrir
quelques difficultés. J'ai commencé par les ranger sous *sept Points-de-vue :*

PROSPECTUS.

xigeoit l'éta-
blissement de
mon Corps de
Doctrine.

L'un , *d'une Philosophie purement humaine.*
où chacun se permet d'abonder dans son sens ;

Le second, *d'une Philosophie plus qu'humaine*, appuyée sur la révélation intérieure de
l'Esprit de toute Vérité ;

Le troisième , *d'une Politique qui peut
prendre deux faces toutes différentes , selon l'Esprit philosophique dont elle est inspirée ;*

Le quatrième, *d'Histoire Naturelle ;*
Le cinquième, *d'Histoire Nationnale ;*
Le sixième, *Polémique* ou *d'Esprit
controversiste ;*
Le septième, *Philologique* ou *d'Es-
prit littéraire & de matière de goût.* }   *

Point-de-vue de Doctrine purement humaine.

Sous le Point-de-vue de *Philosophie purement humaine*, il m'a paru que je devois examiner :

---

* Tous *Points-de-vue* qui peuvent prendre deux
faces tout opposées, comme la Politique , & par la
même raison.

1°. Si l'*Erreur philosophique* est autre chose que *le faux jour d'une Vérité naturelle, qu'il est à craindre qu'on n'ait méconnue & proscrite indistinctement, avec l'erreur qui en abusoit.*

N. B. En supposant qu'il en fût ainsi de l'Erreur, j'avois lieu d'en inférer qu'il ne pouvoit être indifférent de revenir sur les Doctrines les plus décréditées, si d'ailleurs elles conservoient de zélés Sectateurs. Le zèle de ceux-ci donneroit encore plus matière à soupçonner qu'une vérité dont ils ont conscience, & qu'on leur dispute, faute de la comprendre, en même tems qu'on proscrit leur erreur qu'ils ne peuvent eux-mêmes concevoir, est peut-être ce qui fonde leur obstination. Or, aucune Vérité n'est à négliger : il faudroit donc chercher à la démêler, pour la recueillir.

2°. S'il n'y auroit pas *quelqu'autre Règle de Vérité à établir, que celles que les Philosophes nous ont proposées jusqu'ici.*

N. B. En effet de ces Règles les unes ne paroissent guères faites que pour des Etres qui n'ont que des sens ; les autres, pour des Etres qui ne sont qu'intelligence. Or, l'Homme est *Sentiment & Intelligence* en même tems : le jeu des facultés respectives de ces deux Substances

unies dans l'Homme, y eſt même impliqué dans
des organes compoſés de Subſtances d'une troiſième Claſſe ; il faut donc à l'Homme *une
Règle de Vérité qui puiſſe avoir également action
ſur ces trois Ordres de Subſtances, qui affecte,
qui éclaire & qui faſſe image preſque palpable* en
même tems.

3°. Si *la Doctrine des trois Subſtances,* ou
plutôt *des trois Ordres de Subſtances eſt à rejetter, comme Deſcartes l'a prétendu, & comme le
préjugé ne s'en eſt que trop établi, ſur l'autorité
de ce Philoſophe ; & ſi l'idée de la Création ne
peut pas ſe déterminer métaphyſiquement, & par
une règle de ſens commun qui ſoit irréfragable.*

N. B. Premièrement, ce n'eſt pas du tems de
Deſcartes que la manie de généraliſer & de
réaliſer les généralités abſtraites, qui n'ont jamais été qu'idéales, a pris naiſſance. Long-tems
avant lui les Ecoles Philoſophiques regardoient
les abſtractions comme des idées qui avoient
un Type *réel,* & comme qui diroit *ſubſtantiel*
dans la Nature. *La Matière, l'Eſprit, le Sentiment, la Subſtance* en général, &c. étoient
autant d'Etres réels à leurs yeux ; & ſi elles ne
les qualifioient pas abſolument du titre d'*Etres
ſubſtantiels* ; c'eſt que quelques Adverſaires
redoutables leur imprimoient à cet égard. Au-

jourd'hui qu'on eft revenu prefqu'univerfelle-
ment de ce Préjugé, & qu'on ne reconnoît
plus, dans la Nature, que deux efpéces d'Etres
génériques (*Etres fubftantiels, Etres idéaux ;*)
c'eft fans tirer à conféquence, & en s'enten-
dant de refte, qu'on peut ufer de l'expreffion
peu exacte des Ecoles, & qu'on peut agiter la
queftion *des deux*, ou *des trois Subftances génériques*. On concevra qu'il y eft moins queftion de diftinction *de fubftances réelles*, que
de diftinction d'*Ordres de Subftances*.

Secondement, cela pofé, on peut dire, fans
biaifer, que *la Doctrine des trois Subftances*
étoit de tous les fiécles avant Defcartes ; que
les Ecoles Philofophiques, excepté celles où
l'on vouloit tout réduire *à une unique Subftance*, l'avoient prefque généralement adoptée.
On dira en fon lieu par où Defcartes avoit été
prévenu contre *la Subftance du Sentiment*, &
contre l'idée que l'*ame de l'Homme pût être
immortelle & compofée* en même tems. On
aura un grand parti à tirer, contre le préjugé de
Defcartes, du défefpoir qui l'a jetté, contre fes
lumières d'ailleurs fi fupérieures, dans le fyftême outré *de l'automatie des Brutes*. On fera
voir combien il donnoit de prife, par ce fyftême fingulier, *aux prétendus Efprits forts*,
contre lefquels il prétendoit s'armer de ce fyf-

tême même. Son préjugé favori fur la réalité
fubftantielle de la matière générique, lui avoit
tendu le même piége. *Les Sceptiques moder-*
nes ne fe font que trop prévalu de l'un & de
l'autre. Ma difcuffion développera toute la
portée de ces obfervations. Je me contenterai
de noter ici que fi Defcartes, auffi grand Philo-
fophe qu'il l'étoit, avoit penfé à s'élever *juf-*
qu'à la détermination métaphyfique de l'idée
de la Création, il y auroit puifé une preuve
trop fenfible de l'indifpenfabilité d'admettre
dans le Créé, *les trois Ordres génériques de*
Subftances, pour penfer à rejetter *la Subftance*
du fentiment.

4°. Si *l'Homme de la Nature*, fi *la Nature*
elle-même ne font pas totalement différens de ce
que certaine Doctrine moderne imagine de nous
donner pour tels.

N. B. J'en ai trop dit plus haut fur cette dou-
ble matière, pour me répéter ici. (*Voy. la p.* 14
& les fuivantes.)

J'obferverai feulement que ces quatre queftions m'ont paru devoir être approfondies, en
ce que leur folution, fi elle eft heureufe, ne
peut être que très-propre à mettre la Doctrine
purement humaine fur les voies de fe rappro-
cher d'une Doctrine appuyée fur de meilleurs
principes.

Point-de-vue de Philosophie plus qu'humaine.

Sous le Point-de-vue *de Philosophie plus qu'humaine*, j'ai crû devoir agiter :

1°. S'il n'y avoit pas lieu d'établir *une idée graduelle de deux Ordres de Providence antécédens AU SURNATUREL, & où la raison DU SURNATUREL se fît sentir.*

N. B. On a peine à rendre philosophiquement raison de l'intrusion du mal dans l'œuvre du Créateur. Quelques Philosophes Chrétiens, en ne prenant même l'Ecriture Sainte *qu'à l'historique,* sont remontés *à la Prévarication du premier Homme.* Mais cette Prévarication est, en elle-même (plus encore avec toutes ses circonstances) *un Mystère.* En supposant un Ordre de Providence antécédent à ce que nous appellons *la Création* (Ordre de Providence que l'Ecriture Sainte ne contrarie en rien : Ordre de Providence que *l'idée de la Création métaphysiquement déterminée* ne nous permet pas de méconnoître) tout s'explique. Par-là on reviendroit de *deux Préjugés* qui, peut-être, n'ont pas peu nui jusqu'ici aux progrès de la Philosophie : *Préjugés* que nous devons encore à Descartes; au moins les a t il confirmés. L'un c'est qu'*en matière philosophique, recourir à la Puissance divine, pour résoudre les questions,*

c'est y employer la Machine ; ce n'est plus être
Philosophe. Y recourir *per saltum*, je l'avoue,
est un procédé vicieux dans une Ecole philosophique ; mais n'y recourir qu'en remontant
de cause en cause, sans en obmettre aucune,
jusqu'à la première de toutes qui est *la Raison
divine associant la Puissance incréée à son œuvre :* je ne vois point en quoi ce seroit violer
les Loix philosophiques. L'autre regarde *l'usage littéraire & philosophique qui est à faire de
nos Livres saints.* J'en parlerai en son lieu,
(*pag.* 79 *& suivante.*)

2°. S'il ne conviendroit pas *de distinguer UNE
INSPIRATION DIVINE NATURELLE de
l'INSPIRATION DIVINE SURNATUREL-
·LE*, *dont les Ecrivains Canoniques étoient inspirés.*

N. B. Quant à la partie philosophique, l'usage
de cette inspiration, si son existence étoit démontrée, seroit de donner *le caractère d'infail-
libilité à la Règle de Vérité de la saine Philosophie*, *& de faire distinguer entre* LA LUMIÈRE
NATURELLE QUI ÉCLAIRE LA PHILOSOPHIE
PUREMENT HUMAINE, *cette Philosophie si in-
suffisante à distinguer le vrai du faux en matière
souvent très importante & si sujette à mêler, sans
s'en douter, le vrai & le faux dans ses assertions*

les plus formelles ; d'avec LA PHILOSOPHIE PLUS QU'HUMAINE *qui sçauroit nier, affirmer, douter & s'arrêter dans ses recherches, enfin rejetter le cauteleux à propos.*

Quant aux Théologiens, sur les droits & le ministère desquels je m'interdis très-scrupuleusement d'empietter, ils verroient l'usage qu'ils auroient à faire *de l'inspiration divine naturelle*, dont j'aurois établi l'existence, & dont j'aurois rendu sensibles les caractères distinctifs, soit pour expliquer comment certains Philosophes de volée d'entre les Payens peuvent être regardés, en quelque façon, comme *les Prophétes de la Gentilité ;* soit pour déterminer l'espéce d'inspiration dont les lumières dispersées de l'Eglise, peut-être même dont les lumières de l'Eglise assemblée sont inspirées, à la différence de celle qui a dicté les Livres canoniques, & que l'Eglise ne reconnoit plus en nul Écrivain, depuis les Ecrivains canoniques. Il me semble (sauf meilleur avis) que les Théologiens en auroient plus beau jeu, à cet égard, pour repousser les mauvaises plaisanteries *des prétendus Esprits forts ;* ou pour répondre à des *Argumens* plus sérieux que *des Errans de meilleure foi* leur opposent : *Argumens* qui, sans ce moyen de solution, continueroient d'avoir une certaine force, qu'on ne peut sincèrement se dissimuler.

3°. S'il ne feroit pas à-propos

Premièrement, de travailler *une Concilia-* *tion des contradictions apparentes de nos Livres Saints, plus étendue, plus lumineuſe & plus ſatisfaiſante que celle que MAGRIUS (Orato-rien) a entrepris de donner il y a plus d'un ſiécle.*

Secondement, de revenir ſur l'Eſprit général des Langues & de leur génie, pour en appliquer la règle à la diverſité des variantes & des verſions du Texte Sacré.

Troiſièmement, d'examiner s'il ne ſeroit pas poſſible de prouver que l'Ecriture Sainte eſt plus conciliable, qu'on ne le veut croire dans ces derniers tems, avec la Phyſique moderne, en ce que celle-ci a fait d'heureuſes découvertes.

N. B. On doit comprendre que l'Ecriture Sainte n'eſt enviſagée ici que par le côté *de l'uſage littéraire & philoſophique qu'on peut en faire.* Le réſultat affirmatif de ce triple objet de diſ-cuſſion feroit tomber le préjugé où l'on eſt que l'*Eſprit Saint,* quoiqu'*Eſprit de toute Vérité,* & l'*Eſprit philoſophique,* même en ce qu'il a ſaiſi de la *Vérité phyſique,* ſont inconciliables. Je ne puis concevoir pourquoi on a paſſé con-damnation aux Philoſophes, ſur un point dont une Doctrine Anti - Chrétienne a ſi beau jeu pour se prévaloir. On donne là-dessus des rai-sons qui, n'étant qu'*indirectes & mystiques*, ne peuvent avoir du poids que pour ceux, qui sont assez bien intentionnés pour s'en tenir sa-tisfaits. A coup sûr l'Esprit qui a inspiré nos Ecritures parle le langage *de la Physique vul-gaire* au *Vulgaire*, & par *la bouche des Hom-mes vulgaires* qu'il a inspirés. Mais il tient le langage *d'une Physique exacte & scientifique*, quand il parle *à des Sçavans*, par *la bouche* ou par *la plume d'un Sçavant inspiré*. Un Homme sensé tiendroit-il une autre conduite ? Com-ment se faire entendre, si on ne parle à chaque Homme la Langue qui lui est familiere ? Si M. DE FONTENELLE eût écrit *sa Pluralité des Mondes* dans le style ordinaire *des Disserta-tions sçavantes de l'Académie*, les Femmes, la Jeunesse & les Gens du Monde auroient-ils lû son livre ? Tout consiste à observer, dans chaque occasion, à qui & par la bouche de qui l'ESPRIT SAINT parle dans nos Ecritures inspi-rées.

4°. Si *un Commentaire de la Religion du Philosophe*, *par la face sous laquelle il a plû à quelques Modernes de nous la mettre sous les yeux*, ne seroit pas propre à faire sentir le vuide

d'une

d'une pareille *Religion*, & de l'espéce de *Philosophie* qui en est l'esprit.

N. B. Ce qui n'intéresseroit pas peu, peut-être, dans un pareil ouvrage, c'est qu'on y verroit combien nombre de Modernes, & la plûpart des Anciens ont abusé *de la Religion naturelle*, & souvent même *de la Religion révélée.*

5°. Si *la Religion du Cœur ou celle de l'Esprit suffisent à l'Homme, dont un des devoirs est d'être Religieux ; si même une Religion, qui seroit de Cœur & d'Esprit en même tems, seroit suffisante ; si l'Homme, qui est Corps, Sentiment & intelligence en même tems, ne doit pas intéresser le Corps, comme le Cœur & l'Esprit, dans sa Religion.*

N. B. Cette discussion rendra sensible *ce qui constitue l'Homme* &, en particulier, *le Citoyen vraiment Religieux* ; & prouvera *Combien le véritable Esprit de Religion est la chose rare parmi ceux-là même, qui font profession d'être* ENFANS DE L'EGLISE.

Point-de-vue Politique.

Sous ce Point-de-vue, j'ai voulu voir :

1°. Ce que c'étoit que *vues de saine Politique.*

2°. Ce que c'étoit que *Régénération politique* ;

3°. Ce que c'étoit que *Nerf de l'Etat* ;

F

4°. Ce que c'étoit que *Régénération des Mœurs* ;

5°. Ce que c'étoit que *les Loix* ;

6°. Ce que ce peut être que *Roi-Philosophe*, ou *Philosophe-Roi*.

N. B. Je me doutois que ces choses importantes prendroient une face toute différente, selon que l'Esprit de l'une ou de l'autre *des deux Philosophies ci-dessus* y domineroit : & j'en ai eu la confirmation. J'y ai vu que l'*Esprit de la Doctrine purement humaine* les défiguroit au point qu'elle les faisoit être précisément tout le contraire de ce que leur titre les annonce pour être. Delà vient que vulgairement *la Politique* est devenue odieuse ; que les tentatives pour *régénérer une Constitution politique quelconque*, pour *fortifier ou simplifier le Nerf d'un Etat*, pour *régénérer les Mœurs d'une Nation*, pour *en réformer ou régénérer les Loix*, se sont montrées communément si infructueuses, qu'il est devenu *vulgairement ridicule de le tenter de nouveau* ; que le *Roi-Philosophe*, ou le *Philosophe-Roi* est redouté à l'égal d'un *Etre extraordinaire*, dont il n'y a rien à attendre que de singulier, peut-être même d'inquiétant pour un Etat & pour ses voisins. Dans l'esprit d'*une saine Philosophie, d'une Philosophie pratique & sociale, d'une Philosophie qui seroit*, pour ainsi dire, *à la main de tout le monde ; que le Petit* comme *le Grand*, *l'Homme simple* comme *l'Homme de génie* pourroit s'approprier, tout cela changeroit de face : & je laisse à entendre ce que *la Société*, ce que l'*Espéce humaine* auroit à y gagner.

Point-de-vue d'Histoire Naturelle.

Sous le Point-de-vue d'*Histoire Naturelle.....* j'ai cru devoir rechercher ce qu'*est réellement la Nature*, à la différence de ce qu'une *Doctrine purement humaine* s'efforce de nous donner pour telle.

N. B. Je renvoie de nouveau pour *le sommaire des Principes à cet égard*, à ce que j'en ai dit plus haut (*pag.* 14 & *suiv.*). Du reste on concevra que cette Discussion n'aura pû que conduire à la retouche *de toute l'Histoire Naturelle.*

Point-de-vue d'Histoire Nationale.

Sous le Point-de-vue d'*Histoire Nationale*, je me suis demandé,

1°. En quoi il est possible de démontrer que *la constitution politique de notre Etat ait plus de principes de régénération qu'aucune autre.*

2°. Si *notre administration civile, ou nos*

formalités judiciaires, en particulier, n'en sont pas au point de faire desirer leur régénération.

3°. S'il ne conviendroit pas de donner *les fondemens de notre Histoire, pris de ce qui nous est parvenu sur l'ancienne Gaule & sur les Gaulois, ainsi que sur l'Histoire des Francs avant leur établissement solide dans les Gaules.*

4°. Si *l'Histoire de la domination des Francs dans les Gaules n'est point à distinguer de l'Histoire de France proprement dite ; & à quelle époque celle-ci devroit commencer.*

5°. *Quel parti il y auroit à tirer de l'Esprit de M. de Montesquieu sur l'Histoire de France ; Esprit* redressé & amplifié *où il conviendroit, pour éviter de toucher aux Histoires qui ont été données de notre Monarchie & de la domination des Francs, & à l'Histoire qui s'en donne encore.*

N. B. J'ai considéré que l'Histoire de son propre pays doit singulièrement intéresser un Écrivain François. Je me suis dit : » Quel champ
» que notre Histoire ! Où en est-on de son dé-
» frichement ? Il y a beaucoup de fait, sans
» doute, à cet égard ; mais sans comparaison,
» il y a beaucoup plus à faire. Que chaque
» Homme, versé dans ce genre, y fournisse sa
» tâche : le tems en portera l'œuvre au point

» defiré. Pour mon compte, quand j'y aurai
» mis tout ce qui aura dépendu de moi, je
» n'aurai rien à me reprocher. «

Point-de-vue Polémique ou de Controverfe.

Sous le Point - de - vue POLÉMIQUE ou *de Controverfe*, paffera TOUTE MA RETOUCHE. On a vu plus haut (*pag.* 44 *& fuivantes*) les motifs qui m'ont porté à l'entreprendre.

J'avois bien penfé à donner

1°. L'ÉTRANGE VÉRITÉ, *Conférences Académiques d'un Moderne, que j'introduifois expliquant avec naïveté les Dogmes publiés, & de plus, l'Efprit voilé de fa Doctrine fingulière, plein de confiance que je le fuppofois en la docilité & en la difcrétion de fes Adeptes;*

2°. LE TESTAMENT D'EMILE A SES ENFANS, *où cet Elève fictif faifoit fentir aux Siens, combien fa propre expérience l'avoit détrompé, fur ce que les Principes de fon Maître ont de trop hafardé.*

3°. M. THOMAS (actuellement de l'Académie Françoife) *Accoucheur* * *d'un certain ordre*

* On difoit *de Socrates* qu'il étoit l'*Accoucheur des penfées d'Autrui*, par fes manières infinuantes, & par fa Méthode *d'induction*. Il fe donnoit lui-même pour tel, avec fon ingénuité ordinaire.

 de Penſées philoſophiques , que je dois à la lec-
ture *de ſon Eloge de René Deſcartes.*

N. B. Comme ces Ouvrages tirent à la Per-
ſonnalité, que je me ſuis interdite ; je ſuis décidé à les ſupprimer. J'en fais ici profeſſion
haute ; & il eſt néceſſaire que je le faſſe. J'ai
communiqué à d'autres quelque choſe de ces
idées. Cela pourroit avoir paſſé de bouche en
bouche à des Inconnus. Il ſe lâcheroit, peut-
être, ſous ces titres, des Ouvrages où les égards
perſonnels ſeroient moins ménagés encore que
je ne l'aurois fait. Il eſt donc à-propos que je
déſavoue d'avance tout ce qui ſe donneroit
dans cet eſprit, & qu'on pourroit m'attribuer.

Tout ce que ces Ouvrages renfermoient
d'eſſentiel ſe trouvera dans MA VÉRITÉ CON-
NUE, ou *mon Corps de Doctrine* & dans *mes
Diſcuſſions.*

D'ailleurs je ne puis prévoir quelles ſeront
les querelles philoſophiques dans leſquelles je
me trouverai engagé. Quoique l'Eſprit, qui
me met la plume à la main, me porte, comme
on le verra plus bas, à les éviter de tout mon
pouvoir : il n'y a à répondre de rien.

Point-de-vue Philologique ou Littéraire.

Sous le Point-de-vue PHILOLOGIQUE ou *Littéraire*, je placerai. . . . . *Mes Mélanges*, ou *Piéces fugitives de profe & de vers*, *fur toute forte de fujets*, la Théologie & les Matières de Religion révélées conftamment exceptées.

N. B. Chacune *des Difcuffions* ci - deffus trouvera fa place, pour l'impreffion, à la fin du Volume *de mon Corps de Doctrine*, *ou de ma Retouche* dont les objets auront rapport à celui *de la Difcuffion.*

Les Ouvrages particuliers auxquels chaque *Difcuffion* pourra avoir donné lieu, paroîtront ifolés de *ma Retouche.* Quand une *Difcuffion* fera lâchée, l'*Ouvrage refpectif* ne tardera guères à être produit.

Il s'en faut que tous mes objets de Difcuffion ayent été indiqués dans mon PROSPECTUS ; mais je n'en produirai aucun qui ne puiffe fe ranger fous un *de mes Points-de-vue.*

Je paffe à l'*Efprit qui m'a mis la plume à la main*, & qui fe reconnoîtra le même dans *mes Ouvrages ifolés* comme *dans mon Corps de Doctrine & dans ma Retouche.*

 Esprit philosophique & social, qui m'a mis la plume à la main.

III°. Je n'écris pas seulement pour *mes Compatriotes*, ou pour Ceux *qui professent la même Foi que moi : j'*écris pour LE GENRE HUMAIN. Je ne tends pas uniquement à remettre sur les bords un *genre particulier d'Erreurs*, ou *quelqu'Espèce singulière d'aucun Genre.* Je m'adresse à quiconque *a erré,* ou *peut errer de quelque manière que ce puisse être.* Il faut tenir un langage qui soit entendu de tous ceux qu'on veut *convaincre & persuader* sans doute. Quel autre y est plus propre que *le Langage philosophique ?* Il ne tient au langage particulier d'*aucune Siècle ;* ni à celui d'*aucune Religion,* pas même *de la Communion Catholique :* Langages auxquels, humainement parlant, un nombre considérable de mes Lecteurs n'aura point été tenu de se familiariser. C'est l'HUMANITÉ, c'est la SOCIÉTÉ que je sers : l'une & l'autre s'étendent au delà de *quelqu'Association particulière, nationale,* ou *autre* que ce puisse être. Si je rapproche quelquefois mes expressions de celles qui sont consacrées *par la Communion dont je fais profession d'être ;* ce n'est ni *dans la vue de donner le change à qui que ce soit, ni pour contraindre Personne, de mon* *autorité privée, à adopter ces expreſſions, de préférence à celles qui rendroient auſſi heureuſe-ment,* peut-être, *une même idée ;* mais ſimplement *pour rendre ſenſible à qui il ne le ſeroit pas, & pour convaincre quiconque ne ſeroit pas de bonne foi,* que l'Eglise, en fait *de lumières naturelles,* comme *de lumières révélées,* n'a ni expreſſions, ni idées qui militent formelle-ment contre une Raison démontrée saine et inaltérée. Si je cherche à démêler quel-ques *Vérités* dans le champ de l'*Erreur :* ſi je m'applique à arracher l'*ivraie* dans *la terre en-ſemencée de bons grains,* ou du moins à l'y faire remarquer : je ne fais ni l'un ni l'autre dans un Eſprit *de ſcandale.* Je ne m'en prends ni *aux Perſonnes,* ni *aux Corps de Secte ;* mais *à la Doctrine ſeulement.* Ce n'eſt qu'à elle à qui je demande compte de la Vérité, dont toute Doctrine s'eſtime dépoſitaire : aucune ne s'af-fiche pour fautrice *de l'Erreur.* Je ne damne, ni n'abſous de mon chef ni *les Platons,* ni *les Trajans,* ni *les Marc-Aurelles,* ni *les Titus :* c'eſt qu'il n'appartient qu'à Dieu, en général, de juger les Hommes. Je ne fulmine ni contre *le Manichéen,* ni contre *le Pélagien,* ni contre *le Donatiſte, le Prédeſtinatien, l'Albigeois, le Wiclefiſte, le Proteſtant,* ni contre même *les Errans* que nous comptons encore entre *nos*

Frères : c'eſt qu'il n'appartient qu'à L'ÉGLISE, en particulier, de ſéparer la paille d'avec le grain, & de juger ſes Enfans. Si, dérogeant en un ſeul point à la Loi que je me ſuis impoſée, je m'annonce pour ſuivre de plus près, & pour prendre à partie ſur pluſieurs Chefs *une Doctrine très-moderne :* c'eſt qu'elle paroît ambitionner d'englober *les erreurs de tous les âges,* & de les convertir en *Vérités.* Mais à l'égard même *des Fauteurs trop célèbres de cette étrange Doctrine ;* s'il faut *louer,* je cite ; s'il faut *blâmer,* je ne cite nommément aucun Ecrivain : c'eſt à ceux qui en ont la miſſion, de le faire. Si je ſiége ſur *un Tribunal,* ce ne peut être que ſur celui DE LA PHILOSOPHIE : or, à ce Tribunal, on ne cite ni *les Perſonnes* par leur nom, ni ſouvent même *les écrits* par les titres qui les déſignent ; mais ſeulement par *la Doctrine.* Il faut qu'il y ait néceſſité abſolue pour en agir autrement. *Mon autorité,* je n'entends nullement la tirer *de mon jugement particulier ;* mais *de celui des hommes de tout âge, de toute Secte, de toute Religion, de toute Communion,* quand ce qu'ils ont dit, ſoit comme *Echos,* ſoit comme d'*Eux-mêmes,* ſe trouve conforme A CE QUE DICTE UNE RAISON DÉGAGÉE DE TOUTE PASSION QUI L'OFFUSQUE, DE TOUT INTÉRÊT QUI LA CORROMPT, DE

TOUT PRÉJUGÉ ILLÉGITIME QUI AIT L'AS-
CENDANT DE LA DOMINER. Du reste, tout
ce qui a été décidé, *en vertu de lumières supé-*
rieures à celle d'une Raison privée, je le ref-
pecte, & je jure fur ces Oracles. En *matière*
philofophique, comme *théologique*, tel eft L'Es-
PRIT ORTHODOXE : tel eft le frein qu'il fe met
à lui-même : tel eft, en un mot, *l'Efprit* que
j'ai dû adopter. Si je l'ai fait, c'eft *aux vrais*
Sages, c'eft A L'EGLISE fur tout, toute Doctrine reffortiffant à fon Tribunal, à en juger fou-
verainement & en dernier reffort.

Fin du Profpectus.

De l'Imprimerie de MICHEL LAMBERT, rue des
Cordeliers, au Collége de Bourgogne, 1767.

CONDITIONS.

L'Importance de l'objet proposé dans le PROSPECTUS, & les frais qu'il entraîne, ont porté l'Auteur à proposer son entreprise par souscription.

Pour que chacun pût voir à quoi il s'engageoit, & ce qu'il s'en pouvoit promettre d'utilité & d'agrément, l'Auteur n'a point fait de difficulté de donner UN PROSPECTUS RAISONNÉ, qui est un Sommaire assez instructif DE SON CORPS DE DOCTRINE ET DE TOUT LE TRAVAIL QUI EN SERA LA SUITE, COMME DE CELUI QUI EN PROUVERA LA SOLIDITÉ. On y voit ce que sera LE CORPS DE DOCTRINE; ce que sera LA RETOUCHE DES AUTRES DOCTRINES PHILOSOPHIQUES; ce que seront LES DISCUSSIONS; ce que seront même LES OUVRAGES RELATIFS A CHACUNE DE CES DISCUSSIONS, ET ISOLÉS DE LA SOUSCRIPTION.

Au lieu *de Tables de Matières* & d'*Errata*, les Volumes de l'Ouvrage porteront en tête le nombre nécessaire

de Planches fommaires , imprimées
avec accollades. Ces Planches préfen-
teront l'analyfe du Texte auquel elles
auront rapport. Il n'y aura qu'un fimple
vocabulaire des matières diftinctes à la
fin de chaque volume. Les renvois de
ce *vocabulaire* fe feront aux Planches
fommaires, qui renverront elles-mêmes
au *Texte* refpectif. Le Public ne tardera point à fe convaincre de l'utilité
de cette Méthode, & de la préférence
qu'il y a à lui donner fur les Tables des
matières ufitées jufqu'ici.

Cet Ouvrage fera compofé , pour
chaque année, de quatre Volumes *in-*8°.
de quatre cent quatre-vingt pages chacun , fans les Gravures & les Tables.

Le prix, par foufcription, des quatre
Volumes brochés de chaque année, fera
de 20 liv. payables en foufcrivant.

Le papier de l'Ouvrage fera conforme
à celui du *Profpectus* ; & le caractère
fera le même que celui des préfentes
conditions.

On aura foin d'imprimer à la tête du
premier Vol. le nom des Soufcripteurs.

Les deux premiers Volumes feront délivrés dans le courant du mois de Mais 1768 ; & la livraifon des Tomes III & IV fera indiquée à la fin du IIe. Volume.

La Soufcription eft ouverte actuellement chez Merlin, Libraire, rue de la Harpe, vis-à-vis la rue Poupée, à l'Image St Jofeph, & elle le fera jufqu'à la fin de Janvier 1768. Les reconnoiffances de Soufcription feront fignées de l'Auteur & du Libraire ; & cet Ouvrage ne fera vendu qu'aux Soufcripteurs.

La Soufcription fera ouverte chaque année depuis le premier Novembre jufqu'à la fin de Janvier.

Lû & approuvé, le 26 Octobre 1767.
MARIN.

Vû l'approbation, permis d'imprimer, ce 26 Octobre 1767.
DE SARTINE.